本当はコレだけ！
ワインのツボ
THIS IS IT!
THE POINT OF
WINE

Jプレゼンスアカデミーワイン教室
監修

幻冬舎

本当はコレだけ！
ワインのツボ

Prologue

人生、最初で最後のワイン本に。

　私たちの多くは、航空会社に勤めていた頃にワインと出会い、魅了されてきました。

　そして、今は世界最大のワインの国際的教育機関であるWSET®（ダブリューセット）のカリキュラムを導入した、Jプレゼンスアカデミーワイン教室で、教鞭をとる日々を送っています。ワインのことを少しでもたくさんの方に知っていただきたいと、知識だけでなく、私たちが仕事の中で触れたワインの魅力を、本という形で残したいと思い、できたのがこの1冊です。

　日本におけるワインの歴史はまだ浅いこともあり、レストランでワインリストを見せられたとき、思わず身構えてしまう、またカタログに載っていたものを、料理との相性を考えずに買ってしまうという人が多いのではないかと思います。

　けれど、いくつかのポイントさえ理解していれば、自分の好きな味、飲みたいワインを簡単に選び出せるようになるのです。思い通りの味を選ぶことができれば、高級レストランで緊張することも、酒屋さんで迷うこともなくなります。たとえ外国語ができなくとも、ワインについて、海外の人とコミュニケーションをとることも可能になります。

　そうなれば、今まで難しい飲み物であったワインが、日常にしなやかに溶け込み、あなたの人生に、芳醇な「華」を添えることになるでしょう！

この本では、自分好みのワインを選ぶポイント、マリアージュ、またワインの造り方を紹介します。また、私たちワイン講師が経験したさまざまなワインにまつわる楽しい逸話なども多数掲載しています。

　ワインを学ぶことが、ワインの味を楽しむことと同じように、大変刺激的なプロセスだということが実感でき、ずっと手元に置いていただけるような１冊になっていれば幸いです。

　　　　　　　　　　Ｊプレゼンスアカデミー　ワイン講師一同

Introduction to J-Presence Academy Wine Book, from WSET®

For many people, wine can be a confusing subject. There are so many wines to choose from, wines from different places, at different prices, in different colours and styles, that it can be difficult to know where to start. That's why our friends at J-Presence Academy decided to produce this book.

The Wine & Spirit Education Trust (WSET®) is the world's biggest provider of qualifications in wines and spirits, examining some 56,000 students in 2013/14. J-Presence Academy have been teaching WSET® courses in Japan since the turn of the millennium, at all levels from beginner to expert. This gives them a clear understanding of what information is helpful for newcomers to wine. Their instructors are all passionate about wine, and have a wealth of experience from their time in the classroom, and are keen to share their knowledge with you. We hope you enjoy the book and make some exciting new discoveries as a result.

And who knows? You may decide that you want to increase your knowledge of wine further by coming on a formal course. WSET® would be delighted to see you! Find out more at WSET®global.com

Ian Harris
Chief Executive
Wine & Spirit Education Trust

　ワインは難しい、と思っている人は多いかもしれません。生産地、価格、色、そしてスタイルと選択肢は多岐にわたり、何を基準に選んだらよいのか悩む方も多いのでは。これこそが、私たちの仲間であるJプレゼンスアカデミーのワイン講師が、この本を作成することとなった理由です。

　Wine & Spirit Education Trust (WSET®)は、ワインとスピリッツの認定資格の世界最大の提供者であり、2013年から2014年においては、世界中で56,000名が認定試験を受験しました。Jプレゼンスアカデミーは、日本でいち早く2000年より、初心者から専門家のすべてのレベルにおいて、WSET®のワインコースを実施してきました。よってJプレゼンスアカデミーは、ワインの初心者にとって有益な情報は何かをよく理解しています。講師は皆、ワインに対して関心が高く、教室での豊富な経験を活かして、読者の皆さまにワインの魅力を伝えたいと思っている非常に熱心な方々です。皆さまが、この本を楽しみ、新しい刺激的な発見をすることを願ってやみません。

　この本を読んで、もっとワインについての知識を深めたいと思い、あなたもワイン教室に通いたくなるかもしれません。WSET®は、皆さまにお目にかかることを楽しみにしています！　詳しくはウェブサイト（wset global.com）に是非アクセスしてください。

イアン・ハリス
最高責任者
Wine & Spirit Education Trust

Contents 目次

Prologue ---------------------------------- 3
謝辞 -------------------------------------- 5

SELECT 買うならコレ！

Chapter 1　楽しく賢く飲もう ----------------- 10
　Column　ワインセラーの選び方 -------------- 14

講師たちが厳選 絶対にはずさないワイン
　✦ はじめてワイン ------------------------- 15
　Column　ワイン初心者のための裏ワザ -------- 18
　✦ 贈り物ワイン --------------------------- 19
　✦ おもてなしワイン ----------------------- 24
　✦ ジャケ買いワイン ----------------------- 30
　✦ Made in Japanのワイン ------------------ 33
　✦ 生産者の哲学＆個性で選ぶワイン ---------- 38
　✦ セカンドワインから選び出す -------------- 42
　Column　機内で美味しく飲めるワインを選ぶには ----- 45

WSET®について ---------------------------- 46

CHECK 覚えたいのはコレ！

Chapter 2　ワインの種類と性格を知る --------- 50

ENJOY 相性が良いのはコレ！

Chapter 3 マリアージュ ---------- 76
 チーズとのマリアージュ ---------- 79
 料理とのマリアージュ ---------- 88
 Column 「五味」を完成させる、和食とのマリアージュ ---------- 90

STUDY 基本はコレ！

Chapter 4 ワインはこの5つで決まる ---------- 92
 Column キャノピーマネージメント ---------- 96
 Column 果肉が赤いブドウもある ---------- 100
 Column 熟成 ---------- 106

TRY テイスティングしてみよう！

Chapter 5 テイスティングとは？ ---------- 108

TRY 番外編

ワインをお店で購入するとき ---------- 118
レストランで ---------- 120
醸造施設で ---------- 122
Jプレゼンスアカデミーについて ---------- 124
Profile ---------- 126

SELECT
買うならコレ！

楽しく賢く飲もう

ワインを購入する場所の選び方

「どこでワインを買ったらよいですか？」という質問をよく受けます。ワインを売るお店には、それぞれに得意分野があります。

たとえば、専門店では、温度や湿度が完璧に管理されたカーヴに高価なワインが並べられています。お祝い事や、特別な日を飾るにふさわしいワインを求めるなら、そうした専門店を訪ねるのがよいでしょう。

また大手デパートは、お客様が求めるワインを1本からでも取り寄せてくれるサービスをしているところが多く、「どうしてもこのワインが欲しい」という目的がある場合には便利です。

日常的に飲むワインを購入するなら、ご近所に「ワインを売っているお店」を見つけることが肝要です。

意外に便利で充実しているのがスーパーマーケットです。スーパーマーケットの良し悪しは、「回転が良いこと」で判断します。ワインがよく売れているということは、そのお店のバイヤーさんが、お客様の好みを熟知し、それにピタリと合ったワインを仕入れているということに他なりません。お客様のニーズに合ったものを見極める能力があるということは、知識も豊富で、センスも良いということの証です。

［店員さんと相談しながら選びたい場合］
　ワインショップを使いこなすには、店員さんと仲良くなるのが一番。自分がどのようなワインが欲しいのか決まっていない場合は、相手が答えやすい訊き方をすることが大切です。
　コミュニケーションの幅が広がるように、まずは、自分が求めているワインを、ブドウ品種で表現してみましょう。
　たとえば、華やかで、軽やかな赤ワインが欲しければ、「ピノ・ノワールで何かおすすめはありませんか？」と訊ねると、店員さんは「ブルゴーニュがよいでしょうか？　ニューワールドでも面白いアイテムがありますよ」などと答えてくれるはずです。そこから、
「ニューワールドはどちらですか？」
「ニュージーランドです。緯度が高く、冷涼な気候の畑でとれるブドウを使っているので、酸がとても綺麗ですよ」
　という按配に、話が広がります。
　こうして情報を交換していくうちに、「どういう品種が好きなのか」や「どういう産地が好きなのか」ということが伝わり、やがて店員さんのほうから「お客様がお好きそうな新入荷のワインがありますよ」などと声をかけてくれたりするようになります。
　お店の方とこんな付き合い方ができるのも、コミュニケーションツールとしてのワインの魅力と言えるでしょう。

［欲しいワインが決まっている場合］
　ワインを買うには、ネットショップも便利です。
　家に居ながらにして購入することができますし、なによりも選択の幅が広がります。また、欲しいワインの標準的な価格を知ることができるのも、魅力です。
　その反面、店員さんと話したり、ワインが管理されている状況

を直に見ることができなかったり……などの不安もつきまといます。

　そうした不安を払拭する手がかりになるのが、ホームページの構成です。ワイン情報や造り手の紹介など、丁寧に説明がなされているネットショップは、比較的、信頼を置くことができるでしょう。反対に、ドン！　とこれ見よがしの安値ばかりを大きく表示しているショップは、「ワインの扱いも雑なのかな？」などと考えてしまいます。

　また、ネットショッピングの利点は家まで届けてくれること。

　ネットでワインを買ったとき、梱包の仕方が、良いネットショップを見分けるひとつの手がかりになります。

　暑い夏場には、やはり温度を管理して冷蔵便で送ってもらいたいもの。また、ボトル用の仕切りの入った段ボール箱であっても、隙間があるとボトル同士がカチャカチャと触れ合ってしまいます。ここに、丸めた紙がちょっと挟んであるだけでも、お店の方が丁寧にワインに接している様子が窺えます。

　特製の緩衝材でなくても、古新聞でかまわないのです。むしろ、丁寧に丸められた新聞紙がぎっしりと詰められた箱からは、お店の方の良心がダイレクトに伝わってきます。

　お店によっては、「うちでは、ワインだけでなく外国のこんな食材も扱っています」と、緩衝材代わりに試供品のお茶などを詰めてくれることもあって、こういう心遣いはさらに嬉しいものです。

［買ったらすぐ飲みたい場合］

　最近、都内でも増えてきた「BYO」のお店。BYOとは、Bring Your Ownの略語で、「あなたの好きなお酒を持ち込んでください」という意味。そもそもはオーストラリアで始まった習慣で、

その背景には「レストランでアルコール類の取扱免許が取り難い」という事情があります。
　日本では、ワインを販売する酒屋さんに、食事を提供するレストランやビストロ部分が併設されているケースや、所定のワインを買うと、協賛する飲食店に持ち込めるスタイルなどがあります。
　BYOの対象となるワインは、その日の気分で飲みたいワインを自由に選んで楽しむこともできるし、ヴィンテージワインを事前に送って、コンディションを整えておいてもらうようなこともできます。
　BYOの良さは、飲むワインを選んで、その場で味わい、さらに料理とのマリアージュまでできてしまえるところ。
　ワインが介在することで時空間がより楽しくなり、親しい友人との間柄をより一層深めるチャンスが広がります。

Column

ワインセラーの選び方

　買ったワインを、いい状態で保存するには？　ワインは、温度12〜15℃、湿度60〜80％ほどの環境で保存するのが理想的と言われています。かげに入れば夏でもひんやりとするヨーロッパと違い、温暖湿潤の日本では、自然の状態でこうした環境を整えるのは難しいこと。そこで、ワインセラーが必要になります。ワインセラーを買うときに注意したいのは、置く場所とスペースです。まず、光が直接当たらないところを選ぶこと、そしてセラー自体が発熱するので、暑くなってはまずい場所には置かないこと。また、重量があるので、床もしっかりしたところに置いた方が良いでしょう。またものによっては、無音に近いものもありますが、ワインセラーの多くは音をともないます。寝室やリビングに置いた場合、この音が意外に気になったりするものです。とはいえ、「家の隅の狭いスペースに置けるものを」と、小さめのセラーを選ぶと、すぐに一杯になってしまいます。「今あるワインを収納するならこのくらい」と思っていても、知らないうちにワインは増えてゆくものなので、予算とスペースが許す限り、置くスペースをきちんと確保したうえで少し大きめのセラーを買うことがポイントです。セラーがあると思うと安心して、ワインをどんどん買ってしまうので、数年後には地下にワインセラーを作ってしまう（！）ことなんかあるかもしれませんね。

講師たちが厳選
絶対にはずさないワイン

✦ はじめてワイン ✦

ワインの美味しさがわからない……、これからワインを飲んでみようかな？　というワイン初心者にご提案したいものをセレクト。

File 01　カクテル感覚で飲めるワイン

ワインを飲み始めた当初は渋味や苦味にまだ慣れていないため、赤ワインよりも白ワインが好まれやすいかもしれません。カクテルなどの甘いお酒なら大丈夫という若い世代に世界的に大ブームを起こしているのが、カリフォルニアの「E.&J.ガロ」のカジュアルブランド「ベアフット」の「リースリング」。モモや洋ナシを思わせる香りに、ハチミツに漬けたレモンのような甘い味わいは、口当たりのよいカクテルのようです。女性醸造家によって、カジュアルにワインを楽しむことをコンセプトに造られているので、はじめてのワインとしてふさわしい1本でしょう。

産地：アメリカ　／品種：リースリング／価格：1100円（税別）　／輸入元：サントリーワインインターナショナル（株）

Chapter 1　楽しく賢く飲もう　15

File 02 「はじめの1杯」に欠かせない

　イタリア・ピエモンテ州の微発泡ワイン、「モスカート・ダスティ」は、スパークリングワインの「アスティ・スプマンテ」とともにマスカットを用いた代表的なワインとして知られています。「ムスク（麝香）のように甘い香り」という語源を持つマスカットは、普段ワインを飲みつけない人にも、またワインに深く親しんできた愛好家にも、好ましく感じていただけるでしょう。6〜10℃ほどによく冷やしてサーブすると、酸がキリリと引き締まります。爽やかな酸味と優しい甘味は、食事のはじめの1杯として華を添えてくれるでしょう。

産地：イタリア／品種：モスカート・ビアンコ／価格：2900円（税別）／輸入元：サントリーワインインターナショナル（株）

File 03 リラックスしたいなら定番の1本

　仕事の疲れを癒やしたい夜や、慌ただしい日常の中でほっとしたいひとときには、オーストラリア産の辛口スパークリングワイン「シャンドン・ブリュット」がおすすめ。リラックスするのにちょうど良い爽やかな果実味が、細かい泡とキレの良い酸味と一体となり、癒やし効果はバツグンです。毎年夏季限定で、テーマもデザインも変わる「サマーボトル」は、夏場の疲れた体や心を癒やし、リラックスするひとときが生まれます。友人とそして大切な人と一緒に、シャンドンで過ごす時はまた素敵な思い出になることでしょう。

産地：オーストラリア／品種：シャルドネ、ピノ・ノワール／価格：2800円（税別）／輸入元：MHDモエヘネシーディアジオ（株）

File 04 「話題性のあるワイン」に挑戦！

SELECT

　ハリウッドのセレブリティー、ブラッド・ピット＆アンジェリーナ・ジョリー夫妻がオーナーとなったことで話題をさらった南仏プロヴァンスの「ミラヴァル」のロゼは、流石このカップルのプロデュースだけあって、たまらなくお洒落なボトル。そのうえ、セレブの道楽を遥かに超えたクオリティで、かつ、コストパフォーマンスが驚くほど高いと、三拍子も四拍子も揃った傑作。それもそのはず、醸造にあたっているのは最高峰のシャトーヌフ・デュ・パプの造り手として知られるペランファミリーなのです。ペラン家が実践する「テロワールを活かした、ナチュラルな造り」という哲学に惚れ込んだ夫妻が望んで、このコラボレーションが実現したとか。トレンドのワインには必ず物語が秘められています。

産地：フランス／品種：サンソー、グルナッシュ、シラー、ロール／価格：3500円（税別、箱入り）／輸入元：ジェロボーム（株）

Chapter 1　楽しく賢く飲もう

Column

ワイン初心者のための裏ワザ

○ワインは「割って」もかまわない!?

　ワインというと、温度を管理したり、抜栓のタイミングを見計らったり、場合によってはデキャンタに移して香りや味わいを開かせたり……と、取り扱いがとても難しいイメージがあるかもしれません。

　もちろん、そのように丁寧に扱ってこそ実力を発揮する高級ワインもありますが、すべてのワインに神経質になる必要はありません。

　たとえばヨーロッパでは、しばしばワインを炭酸で割って水代わりに飲みます。ドイツ南部のワイン生産地域では、ほの甘い白ワインを天然発泡炭酸水で割り、ランチのときなどに楽しむのは日常的な光景。ミネラルをたっぷり含んだ炭酸水を加えると、スパークリングワインのような味わいになるので、ただ単に薄めているわけではないのです。

　クラッシュアイスを入れても良し、オレンジジュースを加えても楽しいカクテルになります。また、ちょっと気分を変えたいときは、グレープフルーツジュースの上に、静かに赤ワインを注ぐと、二層になってとても綺麗。

　飲み残したワインは翌日、マグカップにハチミツと柑橘類、そして家にあるハーブを適当に入れて電子レンジで温めると、風邪予防に抜群の効果を発揮するホットワインに。気軽なワインほど、かえってさまざまに楽しめます。

✦ 贈り物ワイン ✦

物語を感じさせ、思い出に残るプレゼントとしてワインは最適。特別な日に贈りたいものをご提案します。

File 05 人生の節目に

オーストラリアワインの顔となっている銘醸地「バロッサヴァレー」。オレンジ色に光り輝く太陽がワイン畑に沈むバロッサ地区の美しい景色は格別です。ここではオーストラリアが誇りにしている160年もの自根の古木が存在するので、フィロキセラに害を受けることなく接ぎ木をしていない古木のワインを飲むことができます。中でも「ロックフォード社」のワインの醸造方法はほとんどが手作業。ワイナリーを訪れるとまるで100年前にタイムスリップしたかのようです。「バスケットプレス・シラーズ」はボトルも昔を懐かしむクラシックな形で、ラベルは美しく紅葉した葉がモチーフになっています。ワインは優しい穏やかな味で、オーストラリアシラーズの概念が吹き飛びます。入手困難なこのワインは、お年寄りの方も楽しめるおすすめのワインです。

産地:オーストラリア／品種:シラーズ／価格:8000円(税別)
※2007年の参考小売価格／輸入元:(株)kpオーチャード

File 06 昇進祝いに

　南オーストラリア州のバロッサ南東部、標高380〜500mに位置するエデン・ヴァレーの「ヤルンバ」という造り手は、早い時期から積極的にヴィオニエの保存と商品化に取り組んだ、リーダー的存在として知られています。ヴィオニエは、1960年頃まではフランス・ローヌ地方のごく一部でしか栽培されていない絶滅危惧種でしたが、90年代頃からその上品なニュアンスに注目が集まり、現在では、世界中で栽培されるようになりました。「ヤルンバ・ワイシリーズ・ヴィオニエ」を、何かの仕事をやり遂げた方や、大切なものを守り育んだ表彰として贈るのも、ワイン選びの面白さといえるでしょう。

産地：オーストラリア／品種：ヴィオニエ／価格：2376円（税込）／輸入元：ジェロボーム（株）

File 07 誕生日祝いに

　お誕生日を迎えた友人や同僚に、「おめでとう」という気持ちを表すには、シャンパーニュを。「モエ・エ・シャンドン」の「モエ アンペリアル」（皇帝）の名は3代目当主ジャン・レミー・モエと皇帝ナポレオンとの交友の証。3種類のブドウが完璧に調和した、フルーティーで豊かな厚みのあるエレガントな味わい。時代をこえて世界中で愛されている「これぞシャンパーニュ」というアイテムです。ナポレオンへの友情が込められ、彼を魅了した極上のシャンパーニュは、きっとあなたの気持ちを伝えてくれるはず。誰にでも喜ばれる贈り物です。

産地：フランス／品種：ピノ・ノワール、シャルドネ、ムニエ／価格：6000円（税別）／輸入元：MHDモエヘネシー ディアジオ（株）

File 08 女性へのプレゼントに

　フランス・アルザス地方は、色とりどりの可愛らしい木組みの家が立ち並び、街の中に川が流れる風景は、まるでおとぎの国！　乙女心をくすぐります。そしてクグロフで有名なアルザス地方は、日本人のパティシエの多くが修業に行く、洗練されたお菓子の街。その他にも名産のフォアグラにマンステールのチーズと、美味しい名産品にも事欠かず、現地の美味しいワインとのマリアージュは最高です。「ドメーヌ・ヴァインバック」は1612年にカプチン派修道僧により設立された歴史のあるドメーヌ。当主が亡くなった後、その美しき未亡人と娘が運営を引き継ぎ今に至ります。造り出されるのはどれもそのエレガントな美しい母娘の雰囲気がそのまま感じられるワインです。ドメーヌのあるカイゼルスベルグの街も是非訪れてほしい。とても可愛らしいおすすめの街です。

産地：フランス／品種：ピノ・グリ／価格：4287円（税込）／輸入元：(株)ファインズ

File 09 泡好きの友人を驚かせたい

　ワインの中には「世界観を覆してしまうアイテム」というべきものもあります。たとえばそれは、ビオディナミ農法を実践するレコルタン・マニピュラン「ジャックセロス」のシャンパーニュ。特徴は、樽香の効いた、銘醸白ワインのような味わい。繊細でありながら、しっかりとした骨格を持つ堂々たる存在感に、これまで友人が抱いていた「シャンパーニュ」のイメージが覆ってしまったとか。40歳の誕生日を機に、グンと世界観を広げてくれた「ジャックセロス・イニシャルブリュットNV」は、友人の人生をより豊かにする最高のプレゼントになりました。

産地：フランス／品種：シャルドネ／価格：21060円（税込）／輸入元：木下インターナショナル（株）

File 10 苗字に合わせて選ぶワイン

　自分の苗字や名前の入ったワインを贈られると、つい嬉しくなります。たとえば、日本で最も多い苗字といわれる佐藤さん。どなたにも、「佐藤さん」というお知り合いがいるかと思います。そんな佐藤さんへの贈り物にとっておきのアイテムが、2009年、ニュージーランドのセントラルオタゴに設立されたワイナリー「Sato Wines」のワインです。世界最南端の生産地であるこの土地は、冷涼でありながら日差しに恵まれ、ブルゴーニュ、オレゴンに並ぶ世界の三大ピノ・ノワール産地に数えられています。もちろんオーナーは日本人の佐藤夫妻。有機に特化したその味わいは、高く評価されています。（※限定販売）

産地：ニュージーランド／品種：ピノ・ノワール／価格：6696円（税込）／輸入元：ヴィレッジ・セラーズ（株）

File 11 名前に合わせて選ぶワイン

　1986年、アメリカカリフォルニア州、ナパヴァレーのオークヴィルに設立された「ダラ・ヴァレ・ヴィンヤーズ」は、家族経営の小さなワイナリーですが、その比類ないクオリティによって業界では高い評価を得ています。ハイジ・ヴァレット、ミッシェル・ロランといった醸造界のスーパースターを起用し、革新的なワイン造りを重ね、瞬く間にスターダムに駆け上がりました。オーナー夫妻の令嬢の名前をとったマヤは、まさに世界屈指の赤といっても過言ではありません。このワインを贈られた女性はきっと、「マヤ」という名前をつけられたことに感謝するでしょう。ちなみに現オーナーはマヤさんのお母様。ナオコさんといい、日本のご出身です。

　また、山形県上山市の「タケダワイナリー」は、日本を代表するスパークリングワインの造り手。シャンパーニュと同様のメソッド・トラディショネル製法で造られるその品質の高さは、世界中が認めるところです。1989年、伝統製法のスパークリングワイン造りに成功した当主の武田重信氏は、それまで自分をずっと支えてくれた良子夫人に感謝の意を表して、このワインを「キュベ・ヨシコ」と名付けました。100％シャルドネから造られる、優美なブラン・ド・ブランは、まさにエレガントな日本女性を象徴するような味わい。良子さんにも、芳子さんにも、佳子さんにも……日本中のヨシコさんに贈って、きっと喜ばれる稀少なスパークリングです。（※現在在庫切れ）

産地：アメリカ／品種：カベルネ・フラン、カベルネ・ソーヴィニョン／価格：未定／輸入元：（株）JALUX　産地：山形県／品種：シャルドネ／価格：9072円（税込）／販売元：（有）タケダワイナリー

✦ おもてなしワイン ✦

仲間と一緒に楽しむワインは、気張らずフレンドリーなものがおすすめ。ホストもゲストも満足できるものを集めました。

File 12 色と香りに惹かれる1杯

お酒を飲まない人をも魅了する美しい色と香り。スパークリングワインといえば、白やロゼが定番のイメージがあるかもしれませんが、今、スパークリングの「赤」が、静かなブーム。実際、赤のスパークリングワインも、伝統的なアイテムです。たとえば、透明感のある美しい赤色と、上品な味わいで知られるイタリアのランブルスコ。エミリア・ロマーニャ州の名産で、ランブルスコ種のブドウから造られる弱発泡性のワインです。中でも、プレゼントアイテムとしておすすめなのは「ランブルスコ・ロッソ・アマービレ」。甘口に仕上げたワインですが、綺麗な酸を持っているためべとつかず、食事にも合い、何よりその美しい色で飲む人を魅了します。「お酒は飲まないんです」と言う方が、ついこの色と香りに惹かれて1杯……ということもしばしばある魅惑のワインです。

産地：イタリア／品種：グラスパロッサ、フォルターナーマルボジェンテーレ／価格：1404円(税込) ／輸入元：(株)飯田

File 13 海や山でのアウトドアイベントに最適

　クーラーボックスに入れておけばより冷えて、美味しくなる世界初の缶ワインです。ワイン・オープナーもグラスもいらない、軽くて割れない、飲みきりサイズなのが便利。手軽であっても美味しくなければ意味がない、その長年の悩みを解決したのがオーストラリアの「バロークス社」。開発者のひとりグレッグ・ストークス氏は、ある日、自宅でボトルを倒し、危うく割ってしまいそうになったとき、「他の容器に入れられないものか？」と考え、それが世界初の缶ワイン開発へと結びついたという逸話があります。

産地：オーストラリア／品種：白（シャルドネ、セミヨン）／価格：オープン／輸入元：日本酒類販売（株）

File 14 BBQパーティーにおすすめ

　オープンエアでワインを飲むときは、ボトルの温度を管理するために、氷を用意してしっかりと冷やすのがコツ。そこで活躍するのが「冷やして美味しい赤ワイン」。渋味も強くなくイキイキとした酸味と果実味を持つ赤ワインは、肉料理はもちろん、炭火の風味が活きた魚料理ともマッチします。おすすめはカナダの西海岸、ブリティッシュコロンビア州オカナガン・ヴァレーの大自然の中で産する「ガメイ」。特に世界中で大人気の「ブルーマウンテン・ヴィンヤード」の「ガメイ」は、たっぷりなブルーベリー調の新鮮な果実味と、クランベリー調の爽やかな酸味、そしてアニスやミントのような香味が特徴。食材を問わず、プレミアムなBBQパーティーを盛り上げてくれること、必至です。

産地：カナダ／品種：ガメイノワール／価格：3780円（税込）／輸入元：ヘブンリーバインズ（株）

Chapter 1 楽しく賢く飲もう

File 15　ワインパーティーで喜ばれるワイン！

　ワイン持ち寄りパーティーで他の人と重なりにくいのは貴腐ワイン。ロワール地方の「コトー・デュ・レイヨン」や、「ソーテルヌ」、「トカイアスー」などなど。「シャトー・ディケム」のような、際立って高価なワインでなくとも、パーティーや会食の席で評判になります。理由のひとつは、それらのワインが持っている「酸」でしょう。甘いことは甘いけれど、デザートワインにはその甘さに匹敵するほどに強い酸があります。このバランスによってべとつかず、思いのほかすっきりと味わうことができるのです。

　持参してから冷蔵庫に入れておけば抜栓する頃には冷えているので、事前に温度管理をしなくていいので楽です。甘口ですが意外に男性にもウケます。ブルーチーズやドライフルーツを一緒に出せばお洒落。また、ハウスパーティーでホストが楽をする技もあります。パーティーの最後、ホストはいつもコーヒーや紅茶づくりで台所に籠もりっ放し。甘口ワインを1本、カウンターに置きセルフサービスにすると、皆さん自由に楽しんでくれます。銘柄は予算のあるときには「ソーテルヌ」など貴腐系、特にないときには「ミュスカ・ド・ボーム・ド・ヴニーズ」などのライトな

酒精強化ワインが華やかでおすすめです。

　その他にもカシス、ブルーベリー、ダークチェリーなど黒系果実を思わせる濃厚な香りと味わいをたたえたシラー（シラーズ）は、一見その独自性の高い味わいから、好き嫌いがありそうですが、実はパーティーに持って行ってはずしたことがない、いわゆる「鉄板」のワイン。特に人気が高いのは、オーストラリアのレッドスパークリングワイン、通称「赤スパシラーズ」です。豊かな果実味を持った泡はシュワシュワと心地よく、濃厚な色彩からは想像もできないほどスムーズな口あたり。この口あたりの良さは、果実由来の甘さが、渋味の元であるタンニンをマスキングすることで生まれます。いってみれば、コーヒーに砂糖を入れるのと同じ原理。ワイン単体でも楽しめ、また料理との相性においても素晴らしい包容力を発揮します。

File 16 お花見に

　ブルゴーニュのコート・ドールに、「ドメーヌ・シュヴロ」という造り手がいます。1798年からコート・ドールの南玄関シェイイ・レ・マランジュに根ざす旧家で、当主パブロ・シュヴロ氏は、ブルゴーニュ大学で生物学、植物環境学を修めた後、ボルドー大学で醸造士国家資格を取得。現在17ヘクタールの畑を運営し、12種類の原産地呼称ワインを生産しています。シュヴロ氏が目指すのは、「ブドウ畑に自然な森の環境を再現すること」。手作業の収穫、除草剤の不使用、馬による耕作など、さまざまな試みに取り組み、テロワールを活かしたワイン造りを実践しています。もちろん、このドメーヌの赤ワインは素晴らしいですが、同じくピノ・ノワールから造られるロゼが秀逸。実は当主夫人のかおりさんは日本のご出身で、彼女の発案から美しい色合いのロゼは「サクラ」と名付けられました。

　こうした物語も添えて贈れば、喜ばれること間違いありません。桜の時期であればなおさらですが、美しいロゼを開ければいつでもお花見気分に浸ることができます。

産地：フランス／品種：ピノ・ノワール／価格：2850円（税込）／輸入元：(株)オーレジャパン

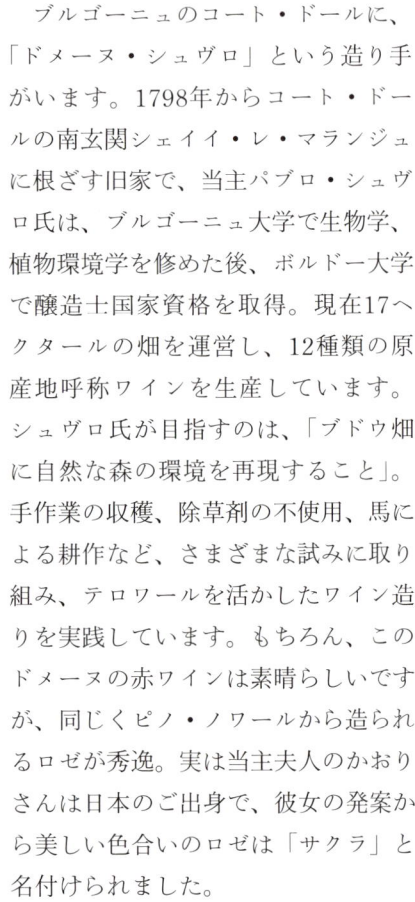

File 17 クリスマスに

　1874年に「シャンパーニュは甘い飲み物」という当時の常識を覆す「ブリュット」を発表して以来、ポメリーというシャンパーニュメゾンは、伝統を重んじながらも革新的試みに挑戦し続けています。「ポメリーズ・タイム」も、そうしたメゾンの姿勢が窺えるレンジ。スプリングタイムはロゼ、サマータイムは爽やかなブラン・ド・ブラン、フォールタイムはエクストラドライ……と、なんと、春夏秋冬に合わせたアイテムを備えています。特にクリスマスにおすすめなのは、ブラン・ド・ノワールのウィンタータイム。ピノ・ノワールとピノ・ムニエの濃厚な旨味は、寒い冬の夜に幸せをもたらしてくれます。また、春を思いながら、真冬にスプリングタイムを飲むのも一興。厳冬に紅白梅の金屏風を立てたり、盛夏に雪山の軸を掛けたり……と、古来日本人が育んできた文化にも通じる楽しみ方です。

産地：フランス／品種：ピノ・ノワール、ピノ・ムニエ／価格：8467円（税込）／輸入元：メルシャン（株）

✦ ジャケ買いワイン ✦

　ワインの造り手が決定権を持っているワインラベルには、センスや価値観が詰め込まれています。

File 18　ペリエ・ジュエ

　「ペリエ・ジュエ」は、シャンパーニュは甘口に造られるのが普通だった19世紀の中頃に、他に先駆けて辛口を発表し、これが好評を得てイギリス王室をはじめヨーロッパ各国王室御用達となったブランドです。グレース・ケリーをはじめとする世界中のセレブリティーたちにも愛されてきました。「ベル エポック」のボトルには、名匠エミール・ガレがデザインしたエナメルのアネモネがデザインされています。白ブドウのみを用いた「ベル エポック ブランド ブラン」は、クリアな地に白いアネモネを重ねて、より清廉な印象を際立たせています。ブラン・ド・ブランは「翡翠の輝きを持つ黄金色」と評される魅惑のカラーが特徴となっているアイテムです。
　「ベル エポック ロゼ」も、透明ボトルで美しいロゼ色を見せる趣向です。こうした美しいシャンパーニュはボトルを見るだけで気分が高揚しますから、このロゼを生花の代わりにと贈られて嬉しくない女性は、おそらくいないでしょう。

生産地：フランス／品種：シャルドネ／価格：86400円（税込）／輸入元：ペルノ・リカール・ジャパン（株）

File 19 ビルカール・サルモン

　黒と銀のストイックな、渋好みのデザインは「ビルカール・サルモン」の「ブリュット・レゼルヴ」。オーナーのビルカール家は、16世紀からマレイユ・シュル・アイに根をおろし、三銃士でおなじみのルイ13世時代には高等法院法務官を務めていたという名門。同家の人々はしばしば自分たちのシャンパーニュを、「白ワイン用のグラスで飲んでくれ」と言います。丁寧な醸造と、長期の熟成期間をとったシャンパーニュの味香は、むしろ極上の白に近いゆえでしょう。

産地：フランス／品種：ピノ・ノワール、ピノ・ムニエ、シャルドネ／価格：8100円（税込）／輸入元：ラ・ラングドシェン（株）

File 20 アンドレ・クルエ

　「アンドレ・クルエ」の「シルバー・ブリュット・ナチュールNV」のラベルは、メルセデス・ベンツが嗜好するのと同系色のいぶし銀。このためメルセデス・ベンツ主催のイベントではしばしばこのシャンパーニュが用いられるとか。そんな背景も、車好きの男性には嬉しいプレゼントかもしれません。また「シルバー・ブリュット」は、シャンパーニュでは通常行われる補糖をまったくしていません。そのうえ、100％黒ブドウのピノ・ノワールから造られた白シャンパーニュ、いわゆる「ブラン・ド・ノワール」ですから、ピュアにピノ・ノワールの旨味を感じることができる逸品です。

産地：フランス／品種：ピノ・ノワール／価格：8208円（税込）／輸入元：（株）ヴィントナーズ

File 21 年末年始にぴったりの干支ラベル

ポートワインの産地、ポルトガルのドウロで、辛口のワイン造りに情熱を燃やす醸造業者がいます。「ニーポート社」の5代目当主ディルク・ニーポートは友人たちに声をかけ、このドウロの素晴らしいテロワールと、品種と樹齢の高いブドウの樹からのスティルワイン造りの火付け役となりました。「ニーポート社」の「エト・カルタ」のラベルは日本限定で、ベルリン在住の日本人アーティストによるもの。干支にまつわる12の動物たちが切手のようにデザインされ、毎年変わるのでそれも楽しみです。ラベルも可愛いのですが、中身もトウリガ・フランカやトウリガ・ナショナル、ティンタ・ロリスなど地元の品種がブレンドされ、果実味あふれた、まろやかで親しみやすい赤ワインです。

産地：ポルトガル／品種：トウリガ・フランカ、トウリガ・ナショナル、ティンタ・ロリス、ティンタ・アマレラ他／価格：2484円（税込）／輸入元：木下インターナショナル（株）

✦ Made in Japanのワイン ✦

東京オリンピックが行われる2020年に向けて、日本人ワイン愛好家が認知し、盛り上げておくべき銘柄をセレクトしました。

File 22　キュヴェ三澤 明野甲州

　1923年に山梨県勝沼町に設立された「中央葡萄酒（グレイスワイナリー）」は、国際的にもその名を知られた、日本を代表する造り手です。「キュヴェ三澤 明野甲州 2013」は、イギリスで開催されたワインコンクール「デキャンタ・ワールド・ワイン・アワード2014」で、日本初となる金賞および地域最高賞を受賞し、大きな話題となりました。温州蜜柑のような和柑橘のフレーバーと、おしろい花や枇杷（びわ）の実などを思わせる複雑なアロマを持つ甲州種の新境地を切り開いたワインとして高く評価されています。

産地：山梨県／品種：甲州／価格：オープン／販売元：中央葡萄酒（株）

File 23　マスカット・ベーリーA

　マスカット・ベーリーAは日本で開発された品種で、親しみやすい味わいは世界に比類ありません。栃木県那須塩原の老舗「渡邊葡萄園醸造」の「マスカット・ベーリーA」は、品種の特徴である「やわらかさ」が、典型的に表現された1本。日本の食材と相性が良いのも、この品種の特徴。煮物や焼物など、滋味あふれる料理にしなやかに寄り添います。特におすすめのマリアージュは、お赤飯。「マスカット・ベーリーA」の優しい土の香りが、小豆の風味と絶妙にマッチします。また、お赤飯に振りかけた胡麻塩のミネラルが、ワインの果実味をさらに高め、ハレの日を鮮やかに彩ってくれます。

産地：栃木県／品種：マスカット・ベーリーA／価格：2392円（税込）／販売元：NASU WINE 渡邊葡萄園醸造

File 24　セレナ ケルナー

　現在日本にあるワインの約7割は輸入ワイン、約3割は国産ワインです。そのうち外国産輸入ブドウ果汁を使って国内で製造したワインも「国産ワイン」と表記され8割近くを占めるため、純粋国内産ブドウのみで造られたワインは本当にわずかしかありません。2010年、カジュアルに国産ブドウ100％の純「日本ワイン」に親しんでもらいたいというコンセプトから、「セレナ」シリーズが誕生しました。甲州はじめデラウェア、マスカット・ベーリーAなど日本ワインならではの品種を気軽に味わうことができるのがとても魅力的。毎年秋には、その年の収穫をいち早く楽しめる新酒がリリースされ、秋の味覚とともに味わう新酒は食卓に一層華を添えてくれます。和食との相性も良く、日本ワインの魅力を身近に感じることでしょう。

産地：北海道／品種：甲州／価格：1620円（税込）／販売元：中央葡萄酒（株）

File 25　**アルガブランカ**

　勝沼町を一望できる勝沼ぶどう郷駅近くの丘は、一面に広がるブドウ畑を見ることができ、風景からワインを知る楽しみが始まります。「勝沼醸造」の自社畑に着くと、やわらかい土はまるでふかふかの絨毯(じゅうたん)のようで、手入れが行き届いた土壌でブドウが健全にイキイキと育っている様子が伝わります。土地に根ざして風土を大切にし、「体に優しいワイン造り」を念頭に置いて造られたワインは、造り手の温もりが感じられます。「アルガブランカ」シリーズは、まさに風土と造り手の愛情が伝わる甲州種100%ワインです。「ブリリャンテ」はシャンパーニュと同じ製法で造られたダイヤモンドの輝きを放つスパークリングワイン。「ヴィニャル イセハラ」は小字名の伊勢原という単一畑の個性を引き出したプライベートワイン。「ピッパ」はフランスオーク樽にて発酵熟成させるプレミアムワインで、ローストビーフとの相性抜群の白ワイン。そして「クラレーザ ディスティンタメンテ」はピュアに甲州種の味わいを堪能できる定番ワイン。いずれも勝沼の風土が心にしみるワインです。

〈左から順に〉ブリリャンテ 産地：山梨県／品種：甲州／価格：4860円(税込) ヴィニャル イセハラ 産地：山梨県／品種：甲州／価格：2808円(税込) ピッパ 産地：山梨県／品種：甲州／価格：3888円(税込) クラレーザ ディスティンタメンテ 産地：山梨県／品種：甲州／価格：1728円(税込) ／販売元：いずれも勝沼醸造(株)

SELECT

Chapter 1　楽しく賢く飲もう

File 26 NOVO

　栃木県の「ココ・ファーム・ワイナリー」のスパークリングワイン「NOVO（ノボ）」は2000年の九州・沖縄サミットの晩餐会で乾杯に使われたスパークリングワインです。ブリュット（辛口）とドゥミ・セック（やや甘口）の2種類があります。ブドウはリースリング・リオンという日本独自の品種で、最初はしっかりした酸がスパークリングに向くのでは？　と試しに造られたものでした。このワイナリーの魅力は裏方の人たちの丁寧な仕事っぷり。1950年代、当時の特殊学級の教師たちによって開墾された畑は斜度38度という急勾配。その畑作業は機械を使えず、すべて人の手作業による気の遠くなるようなものですが、ブドウにとっては良い条件。開墾以来除草剤を一切使用していない、本当に造り手による愛情が感じられるストーリーを持っています。

産地：栃木県／品種：リースリング・リオン／価格：8000円（税込）／販売元：(有)ココ・ファーム・ワイナリー

File 27 岩の原ワイン 深雪花

　日本の気候風土に合うブドウの品種改良に功績を残した、日本のワイン造りの父「川上善兵衛」が新潟県上越市に開園したのが「岩の原葡萄園」です。川上善兵衛は良質なワインを造るため、発酵温度コントロールや夏場のワイン熟成庫の温度管理に、越後名物の雪を利用したと言われています。彼が世に送り出したのは、マスカット・ベーリーAの赤ワイン、欧州種シャルドネと川上善兵衛作出種のローズ・シオターの白ワイン、そして、ロゼワインの「深雪花」です。ロゼは、イチゴやチェリーのような甘い香り、しっかりとした酸が特徴の辛口です。善兵衛の情熱は明治時代から3世紀にわたり引き継がれて、そのネーミング、雪椿の花の絵のラベル、和食に合う優しい味わい、どれをとっても実に日本的なワインとして名高いです。

産地：新潟県／品種：マスカット・ベーリーA／価格：2179円(税込)／販売元：(株)岩の原葡萄園

✦ 生産者の哲学＆個性で選ぶワイン ✦

ワインの造り手はこだわりを持った、魅力的な人物が多いです。味わいとはまた違った楽しみがあります。

File 28　土壌を大切にする造り手

　マルセル・ダイスは、「アルザスワインは、複雑な土壌を表現するべき。したがって、土地を表現するなら畑名を記載するべきであって、また品種も1種に限るべきではない」と主張する「畑にこだわる造り手」です。たとえ単一の畑であっても、その土壌は複雑に入り交じり、リースリングに適した場所も、ゲヴュルツトラミネールに適した場所もそれぞれある。畑の個性を尊重するなら、植えられている品種をナチュラルにブレンドするべきだ──と。彼の意見は、ブドウ品種を中心にワイン造りをしてきたそれまでのアルザスの常識とは一線を画すものでしたが、その造り出すワインの質の高さに圧倒され、人びとは耳を貸さざるを得ませんでした。畑や土壌にこだわる彼のワインは、アルザスのワイン造りに一石を投じ、新たなムーブメントを起こしたのです。

産地：フランス／品種：ピノ・ブラン、リースリング、ゲヴュルツトラミネール、ピノ・ノワール、ピノ・グリ、ミュスカ、シルヴァネール／価格：3780円（税込）／輸入元：(有)ヌーヴェル・セレクション

File 29 造り手の名前でワインを選ぶ

創業者の名前を冠したブランド名には、造り手の深い矜持が表れています。それは、先祖の名に恥じない「誇り高い造り」の標榜に他なりません。ことに、シャンパーニュには、そうしたメゾンがたくさんあります。

「ルイ・ロデレール」は、デュボワ・ペール・エ・フィスをルーツとし、1833年にルイ・ロデレール1世が引き継いだ際、現在の社名となりました。大手資本の傘下に入るメゾンが多い中で、創業以来一貫して家族経営にこだわっています。社名はまさに、その哲学を表したものといえるでしょう。

アメリカでコーヒー豆の輸入ビジネスを成功させたフランス人実業家ニコラ・フィアットによって1976年に設立された「ニコラ・フィアット」も、創業者のスピリッツを伝えるメゾン。近代的な醸造施設を備え、5000軒以上の生産者と契約を結んで、年間生産量約980万本。売り上げ数量は世界第3位を誇っています。

1785年にメゾン エドシックを設立したドイツ出身の織物商人フローレンス・ルイ・エドシック。その甥であるシャルル＝カミーユ・エドシックが「自分の理想を実現したい」と1851年に設立した、「シャルル・エドシック」は、冒険家でもあった彼のダンディズムを受け継ぐメゾン。ノンヴィンテージにも、40％ものリザーヴワインを用いるという、エレガントな男気あふれるシャンパーニュです。

〈上から順に〉産地：フランス／品種：ピノ・ノワール、シャルドネ、ピノ・ムニエ／価格：7344円（税込）／輸入元：エノテカ（株）　産地：フランス／品種：ピノ・ノワール、ピノ・ムニエ、シャルドネ／価格：6210円（税込）／輸入元：日本酒類販売（株）　産地：フランス／品種：シャルドネ、ピノ・ノワール、ピノ・ムニエ／価格：7875円（税込）／輸入元：RÉMY COINTREAU JAPAN（株）

File 30 格付けを超越した造り手

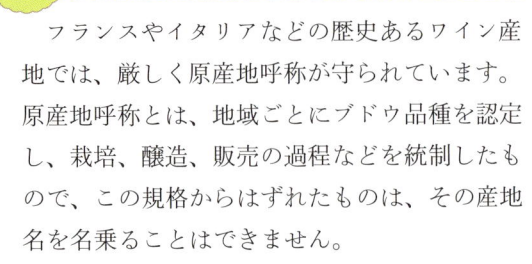

　フランスやイタリアなどの歴史あるワイン産地では、厳しく原産地呼称が守られています。原産地呼称とは、地域ごとにブドウ品種を認定し、栽培、醸造、販売の過程などを統制したもので、この規格からはずれたものは、その産地名を名乗ることはできません。

　しかしイタリアのトスカーナ地方では1980年代頃から、使用ブドウ品種が規定外のものであったり、生産地域が枠外であったりする理由から、格付け最下位のテーブルワインや下位のIGT（Indicazione Geografica Tipica）ながら、味と値段は最高級──というワイン造りが行われるようになりました。

　常識では、売れるはずもないワインでしたが、話題性とワインのクオリティが、「高いテーブルワインなど誰も買わない」という風潮を覆して大評判になりました。サッシカイア、ルーチェ、マッセト、オルネライアといったワインが、その代表的なアイテムで、これらは「スーパー・タスカン」と呼ばれます。

　また、ヴェネト州のソアーヴェ地区には、ソアーヴェの代表的生産者でありながら、自らのラベルにはソアーヴェと記さない「アンセルミ」という造り手があります。当主のロベルト・アンセルミ氏は、凡庸なワイン造りが法的に許容されていることを嫌って、1999年に原産地呼称協会を脱退。信念を貫きながら、素晴らしい白ワインを造り続けています。

産地：イタリア／品種：ガルガーネガ／価格：4320円（税込）／輸入元：（株）ヴィーノフェリーチェ

File 31　経歴が異色な造り手

　シャンパーニュの象徴ともいうべき、モエ・エ・シャンドンのプレミアムレンジ「ドン・ペリニョン」の醸造最高責任者リシャール・ジェフロワ氏は、医学を修めた後、再入学して醸造学を究めたという異色の経歴を持つ醸造家。名医のように的確な判断と、深遠な思慮を以(もっ)て、世界最高のシャンパーニュの歴史を継承し、紡ぎ続ける人物です。セミナーなどにおいても、抽象的な概念論を語ることが多く、まるで哲学者のような風貌で知られています。

　また、カリフォルニアのジンファンデルを守った人物として尊敬を込めて「ジンファンデルのゴッドファーザー」と呼ばれる「レーヴェンス・ウッド」のジョエル・ピーターソン氏は、元免疫学の研究者。カリフォルニアに一躍、カベルネブームが巻き起こった40年ほど前、たまたまブドウ畑を通りかかると、栽培農家が樹齢100年以上の古樹を抜いていたとか。「勿体(もったい)ないことを！」と止めに入ると、「ワイナリーは、カベルネじゃなければブドウを買い上げてくれない。生活のために泣く泣く処分せざるを得ない」——とのこと。ワイン醸造とは無縁の研究者で、醸造設備を持っているわけでもない彼が、「では俺が全部買う」と、いきなり飛び込んだのがこの道に入るきっかけだったとか。しかし、この彼の無茶な決断のおかげで、カリフォルニアのジンファンデルは滅びを免れたのです。

　オーストラリアのバロッサヴァレーで秀逸なローヌ系ワインを造り出し、ロバート・パーカーJr.から「彗星のように現れたスーパースター」と評された「トルブレック」にいたデイビット・パウエル氏の経歴もユニークで、彼は以前は、スコットランドで樵(きこり)をしていました。流石に樹を見る目は確かで、瞬く間にその名声を確立した背景には、ブドウ樹を見る確かな眼力があったのです。

〈左から順に〉産地：アメリカ／品種：ジンファンデル／価格：オープン（参考価格1732円［税別］）／輸入元：アコレード・ワインズ・ジャパン（株）
産地：オーストラリア／品種：シラーズ／価格：3888円（税込）／輸入元：（株）ミレジム

✦ セカンドワインから選び出す ✦

[ボルドー五大シャトーのセカンド]

　ファーストワインは、フランスのトップクラスのワイン、五大シャトーが代表です。伝統があり、高品質であり、世界的に認められているものです。それに対して、伝統や品質面において、ファーストほどのレベルに達しなかったワインを「セカンドワイン」と呼びます。ボルドー五大シャトーのセカンドアイテムの栽培・醸造の工程は、ファーストアイテムとほとんど同様です。セカンドに回された理由は、樹齢が基準に満たなかったり、仕込み樽が選別から漏れたりなど。栽培、醸造がほとんど同じ条件であるため、五大シャトーのテロワールを窺い知るには、十分なアイテムといえるでしょう。

● シャトー・マルゴーのセカンド
　「パヴィヨン・ルージュ・デュ・シャトー・マルゴー」（ACマルゴー／赤）
　「パヴィヨン・ブラン・デュ・シャトー・マルゴー」（ACボルドー／白）

● シャトー・オー・ブリオンのセカンド
　「ル・クラレンス・ド・オー・ブリオン」（ACペサック・レオニャン／赤）

● シャトー・ラフィット・ロートシルトのセカンド
　「カリュアド・ド・ラフィット」（ACポイヤック／赤）

● シャトー・ラトゥールのセカンド
　「レ・フォール・ド・ラトゥール」（ACポイヤック／赤）

● シャトー・ムートン・ロートシルトのセカンド
　「ル・プティ・ムートン・ド・ムートン・ロートシルト」（ACポイヤック／赤）

また、セカンドとは別に、ディフュージョンラインのようなアイテムがあります。こちらは、造り手が新たなフィールドで持てる力を発揮したもので、その技術力が窺えるアイテムといえるでしょう。

🌸 シャトー・ムートン・ロートシルトのディフュージョンライン
「ムートン・カデ」

🌸 シャトー・ランシュ・バージュのディフュージョンライン
「ミッシェル・リンチ」

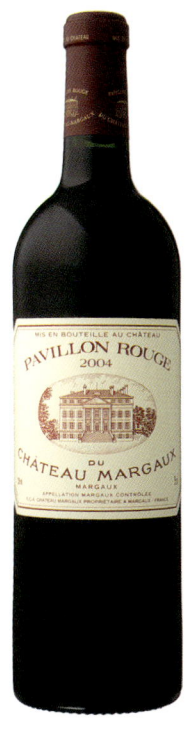

「パヴィヨン・ルージュ・デュ・シャトー・マルゴー 2011」
価格：20000円(税別)

「ル・クラレンス・ド・オー・ブリオン 2011」
価格：17000円(税別)

Chapter 1　楽しく賢く飲もう　43

左上:「カリュアド・ド・ラフィット 2011」
　　　価格:24000円(税別)

右上:「レ・フォール・ド・ラトゥール 2011」
　　　価格:26000円(税別)

左下:「ル・プティ・ムートン・ド・ムートン・ロートシルト 2011」
　　　価格:16000円(税別)

(写真P.43〜44　販売元:エノテカ(株))

機内で美味しく飲めるワインを選ぶには

飛行機に乗っているとき、ブルゴーニュワインの味がいつもと違うと感じたことがありませんか。

機内で人間の味覚が変わる原因は"乾燥"と"低い気圧"が大きいと言われています。

人間の舌には味蕾（みらい）が1人当たり10000個ほどあり、そのおかげで食べ物の香りも味も楽しめます。しかしながら高度35000フィート（≒10670m）に達すると、胴体腐食防止のため機内の湿度が下がるよう設計されているため、鼻腔が乾燥し、気圧も低くなり、味蕾の機能は3分の2も低下するそうです（※出典：ニューズウィーク日本語版）。

さらにイギリス・マンチェスター大学の研究によると、ジェットエンジンの大きな音も甘さや塩辛さを感じる味覚を狂わせるということがわかっているそうです。

機内環境では、果物や柑橘系のフレーバーが減少したり、酸味やタンニンが強くなるなど味覚がかなり変化するので、高級ワインの複雑さを楽しむのは難しいといえます。そういった機内でワインを選ぶコツとしてご提案したいのは、好きな音楽や映画をヘッドホンで聴きながら食事をし、味のはっきりした酸味を押さえたワインを選ぶということです。

赤：メルロー、マルベック、オーストラリアのシラーズのような果実味が熟して丸みのあるもの

白：ニューワールドのシャルドネ、セミヨン、ヴィオニエ、甘口ワイン

旨味成分の多い熟成系ワインもいいかもしれません。

多くの航空会社は味わいより風味に重点を置いてワインを選んでおり、そのためにエベレストに登って標高の高い場所でワインの味の調査を行った企業もあるといいます！

実際に繊細なフランス系ワインよりも、はっきりとした果実味のあるニューワールド産の方が、結果的には機内では人気があった印象です。

機内の気圧はちょうど富士山の5合目と同じであり、アルコールの分解速度が遅くなり代謝されにくくなります。機内での飲酒は地上より約3倍酔いやすいのでどうかご注意を！

WSET®とは
世界最大のワインの教育機関です!

Q. WSET®ってなんですか?

A. WSET®(ダブリューセット)は、ロンドンに本部を置く世界最大のワイン教育機関です。ワイン産業をサポートする英国のワイン商組合『Vintners Company』により1969年に創設され、現在では世界62か国・地域でWSET®の教育組織が運営され、年間約56,000人が認定試験を受験するなど、国際的に認められている認定資格です。WSET®の教育カリキュラムは独自に開発されたもので、ワインを評価する上で重要なテイスティングを行うための"系統的アプローチ法"を開発し、その手法に添えば誰でも適切なワイン評価をすることができます。WSET®コース及び認定資格は5つに分かれ、初心者からワイン業界のプロフェッショナルまで、幅広く対応できるよう設定されています。

Q. WSET®はいつ始まったんですか?

A. 創設は1969年ですが、その起源は11世紀までさかのぼります。

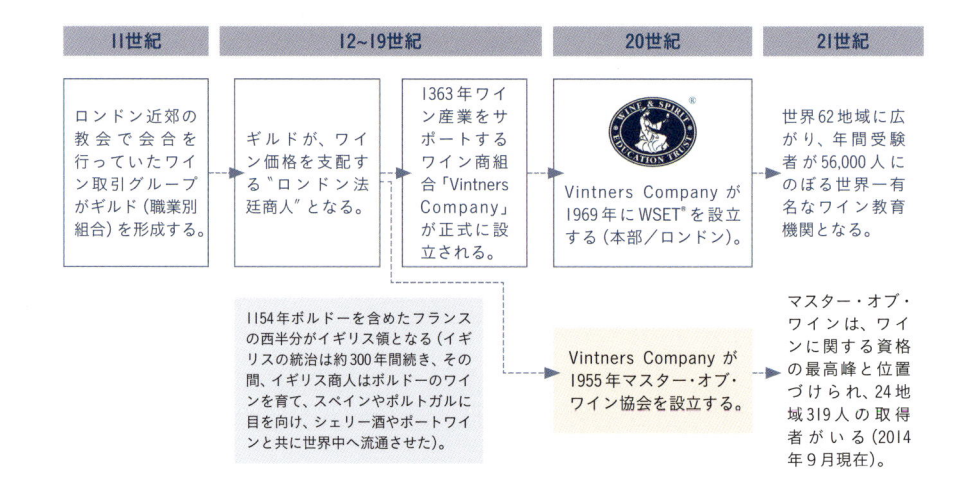

11世紀	12~19世紀		20世紀	21世紀
ロンドン近郊の教会で会合を行っていたワイン取引グループがギルド(職業別組合)を形成する。	ギルドが、ワイン価格を支配する"ロンドン法廷商人"となる。	1363年ワイン産業をサポートするワイン商組合『Vintners Company』が正式に設立される。	Vintners Companyが1969年にWSET®を設立する(本部/ロンドン)。	世界62地域に広がり、年間受験者が56,000人にのぼる世界一有名なワイン教育機関となる。
	1154年ボルドーを含めたフランスの西半分がイギリス領となる(イギリスの統治は約300年間続き、その間、イギリス商人はボルドーのワインを育て、スペインやポルトガルに目を向け、シェリー酒やポートワインと共に世界中へ流通させた)。		Vintners Companyが1955年マスター・オブ・ワイン協会を設立する。	マスター・オブ・ワインは、ワインに関する資格の最高峰と位置づけられ、24地域319人の取得者がいる(2014年9月現在)。

Q. WSET®とソムリエはどう違うんですか？

A. WSET®の資格はワインを含むアルコール飲料の"流通から見た評価"という観点でスタートしています。ワインについていえば、フランスだけでなく全世界のワインを幅広く学んだ結果を試験で判定します。対象は生産、流通、小売、サービスというワイン業界のあらゆる分野に従事する方々、そして一般愛飲家です。世界に通用するワイン界で一流といわれる国際資格です。

一方、日本ソムリエ協会は、日本でのワインの普及と食文化の向上を目指して発足しました。当初は飲料業界に従事する人々対象の『ソムリエ資格』のみでしたが、現在では流通向けの『アドバイザー』、一般愛飲家向けの『ワインエキスパート資格』があります。

Q. 認定試験の内容は？

A. 初級は基礎知識について問う選択式の筆記試験のみです。ワイン以外のスピリッツやリキュールなどの基礎知識も含まれますが、一般の愛好家でも受験ができるレベルのものです。

中級は筆記試験の他にブラインドテイスティングが1種類あり、詳しいワインの知識が必要となります。ソムリエ資格のようなサービスの実技はありませんが、ソムリエ並みの知識と技術が要求される難しいものです。

上級のDiplomaは高度なワイン知識を要求され、試験の言語は英語のみ。ブラインドテイスティング合計21種を含み6つのユニットに分かれています。WSET®では最高レベルにある非常に難しい内容となります。

CHECK
覚えたいのはコレ！

Chapter 2

ワインの種類と性格を知る

　ワインが持つ味わいの特徴をスタイル別に分類して把握することが、自分でワインを選ぶための大きなヒントとなります。私たちが通常「ワイン」と呼んでいるのは、非発泡性のスティルワイン（ライトワインとも言う）です。これに対してシャンパーニュなどの発泡ワインはスパークリングワイン、スピリッツやブランディーなどを加えてアルコール度数を高めたワインはフォーティファイドワインと呼ばれます。ここではスティルワインをざっくりとスタイルで分類しながら見ていきましょう。

白ワイン		赤ワイン	
アロマティック	リースリング ゲヴュルツトラミネール ヴィオニエ ミュスカ ソーヴィニヨン・ブラン	ライトタイプ	ガメイ マスカット・ベーリーA
ノンアロマティック	ピノ・グリ／ピノ・グリージョ 甲州 ミュスカデ	ミディアムタイプ	ピノ・ノワール メルロー グルナッシュ テンプラニーリョ バルベーラ サンジョヴェーゼ
オークタイプ	シャルドネ	フルタイプ	カベルネ・ソーヴィニヨン シラー／シラーズ ジンファンデル ネッビオーロ マルベック

白ワイン
アロマティック ①

アロマ
青リンゴ、ライム、アプリコット、マンゴー、熟成すると石油やハチミツ

スタイル
芳香が強く、酸味が高い。
ライト～ミディアムボディ。
辛口～ごく甘口まで。
タンニンはなし。

代表的な産地
ドイツ（モーゼル、ナーエ、ラインガウ、ファルツ）
フランス（アルザス）、オーストリア（ヴァッハウ）
オーストラリア（クレアヴァレー、エデンヴァレー、タスマニア）

リースリング
RIESLING

CHECK

➡ Point

　シャルドネと共に潜在能力の高いエレガントな高貴品種。長期熟成能力もある。鮮やかなグリーンの果粒。突然変異しにくく、クローンも少ないが多くの交配品種の親となる。イキイキとした酸味が特徴で冷涼地での栽培が望ましく、ドイツでは最も重要な品種。畑の個性を反映しやすい。特徴的な華やかな香りで、特に長熟リースリングには石油（またはキューピー人形）に似たミネラル香を感じることもある。素が良いから樽で化粧をする必要がなく、マロラクティック発酵も行われない。貴腐の影響を受けやすく、トロッケンベーレンアウスレーゼなどの凝縮した高級甘口ワインもできる。近年のトレンドは辛口スタイル。

Chapter 2　ワインの種類と性格を知る

白ワイン
アロマティック 02

ゲヴュルツトラミネール
GEWÜRZTRAMINER

アロマ
花（バラ）
ライチ
ブドウ
トロピカルフルーツ
スパイス

スタイル
芳香強く、酸味は中〜低い。
フルボディで、アルコール度数は高い。
辛口〜甘口まであるが、
オフドライが多い。
タンニンはなし。

代表的な産地
フランス（アルザス）
ニューワールドの涼しい地域：ニュージーランド、タスマニア、オレゴン

➡ **Point**

　Gewürzとは、ドイツ語でスパイスという意味で芳香が強い。果皮は淡いピンク色だが、すべて白ワイン。通常オーク樽熟成はしない。低価格帯はほとんどない。

白ワイン
アロマティック 03

アロマ

魅力的な花や核果実（モモ、アプリコット）、
エキゾチックフルーツ、スパイス

スタイル

芳香強く、酸味は低〜中程度。
フルボディ、アルコール度数は高め。
シャルドネに似たなめらかなコクが
ありながら華やかな芳香。
タンニンはなし。

ヴィオニエ
VIOGINIER

代表的な産地

フランス（ローヌ北部、南フランス）
オーストラリア
カリフォルニア
南フランス

CHECK

Point

　1970年代には絶滅危惧種だったが、情熱ある栽培家たちにより復活して、今やファッショナブル品種の代表格。通常は早期消費が望ましい。ヴィオニエの品種的な特徴は、何といってもやわらかな酸。シラーと混醸するとワインにフローラルなアロマがつき、色が綺麗に出る。

Chapter 2　ワインの種類と性格を知る

白ワイン
アロマティック 04

ミュスカ
MUSCAT

アロマ

ブドウ果実本来の香り、モモ、バラ、オレンジの花、柑橘類、スパイス オーク樽にて酸化熟成させたものは、干しブドウ、フルーツケーキ、トフィー、コーヒー

スタイル

❖ ミュスカ・ブラン・ア・プティ・グラン種（一番品質が高い）は、中程度の酸味で通常は甘口。
❖ マスカット・オブ・アレキサンドリア種（より広く用いられる品種）は、低めの酸味で通常は甘口。
❖ ミュスカ・オットネル種（最も軽い）は、中程度の酸味で通常は辛口またはオフドライ。
タンニンはなし。

代表的な産地

ギリシャ、イタリア、フランス（アルザス、南ローヌ、ラングドック、ルーションなど）、スペイン、ポルトガル、中央ヨーロッパ（ハンガリーなど）、カリフォルニア、オーストラリア、南アフリカなど

➡ **Point**

　ミュスカ種はひとつのブドウ品種でなく、いくつかの同属の品種を指す名称。いずれもよく成熟するには温暖で乾燥した環境が必要。発泡性ワインと酒精強化ワインに造られることが多い。「ムスク（麝香）のように甘い香り」という語源を持つと言われるマスカットの通り、共通点はブドウ香が非常に強いこと。その強いブドウ香により、ミュスカはおそらく最初に識別され、確認されたブドウ品種と思われる。

アロマ

青野菜、草木、緑色の果実
(西洋スグリ、エルダーフラワー、青ピーマン、アスパラガス)の強い香り、
パッションフルーツの香り、
モモ、グレープフルーツ

ソーヴィニヨン・ブラン
SAUVIGNON BLANC

スタイル

冷涼気候は、高い酸味、辛口。
温暖気候は、香りは穏やかで中程度から高い酸味、辛口。オーク樽熟成は通常温暖な地域のもの。香辛料(ヴァニラ、甘草)やトーストの風味が加わる。
タンニンはなし。

代表的な産地

フランス(ボルドー・ロワール川流域、南フランス)、ニュージーランド、カリフォルニア、南アフリカ、チリなど

白ワイン
アロマティック 05

➡ Point

単一品種ワインはオーク樽が使われていないものが多い。ほとんどの上質のボルドーの白はソーヴィニョン・ブラン種とセミヨン種のブレンド。甘口のソーテルヌにも酸味と香りの高い果実風味を与えるために使用される。

白ワイン
ノンアロマティック ①

ピノ・グリ
ピノ・グリージョ
PINOT GRIS
PINOT GRIGIO

アロマ

❖ ピノ・グリスタイル：
トロピカルフルーツ（バナナ、メロン、マンゴー）、香辛料、場合によってはほのかなハチミツ

❖ ピノ・グリージョスタイル：
ニュートラル、ほのかなモモや柑橘系

スタイル

❖ ピノ・グリスタイル：
中程度の酸味、フルボディ、高いアルコール、オフドライまたは甘口、辛口も。複雑でリッチなスタイル。

❖ ピノ・グリージョスタイル：
中程度の酸味、ライトボディ、低めのアルコール、辛口。より軽めでニュートラルなスタイル。
タンニンはなし。

代表的な産地

❖ ピノ・グリスタイル：フランス（アルザス）、オーストラリア（タスマニア）、ニュージーランド、オレゴン

❖ ピノ・グリージョスタイル：イタリア北東部、ドイツ

➡ Point

　同じブドウ品種だが、表示方法によって異なるスタイルのワインが造られている。フランスでは、「ピノ・グリ」、イタリアでは「ピノ・グリージョ」と呼ばれている。ピノ・ノワールの最も知られている突然変異種のひとつ。グリ／グリージョとは灰色の意。実は、灰色がかった青色から茶色を帯びたピンク色の間の色をしている。

甲州
KOSHU

白ワイン　ノンアロマティック ②

アロマ

ニュートラルな品種、
柑橘系（レモン、グレープフルーツ）、
リンゴ、ナシ、モモ、白い花

スタイル

中程度の酸味。中程度のアルコール度数。
ライトからミディアムボディ。
辛口〜甘口まであり。
突出した強い個性を持つより、
穏やかで優しい印象のワインとなる。
後に残る、心地よいほろ苦さも特徴。
タンニンはなし。

代表的な産地

日本・山梨県（勝沼、塩山、甲府）

➡ Point

シルクロードより伝来した日本固有のヴィティス・ヴィニフェラ種。2010年、OIV（ワインの国際的審査機関）のワイン醸造用ブドウ品種に"Koshu"として登録され、日本のブドウ品種としてははじめて国際的に認められた。近年、生産者の試行錯誤により、辛口シュール・リー系、樽仕込み系、よりしっかりとした香りを持つアロマティック系、スパークリングなど、さまざまなスタイルが誕生している。

ミュスカデ
MUSCADET

白ワイン
ノンアロマティック 03

アロマ

ニュートラルな品種。柑橘系(レモン)、グリーンフルーツ(青リンゴ、ナシ)、草の香り。シュール・リー製法によるほのかなイースト香

スタイル

高い酸味、中程度からやや低めのアルコール度数。
すべて辛口。ミディアムボディ。
一般的にフレッシュで軽やかなワインスタイルで、若いうちに飲まれるべきワイン。タンニンはなし。

代表的な産地

フランス(ロワール河流域、ナント、ミュスカデ・セーヴル・エ・メーヌ)

➡ Point

　日本では「ミュスカデ」の品種名で知られているが、国際的には「ムロン・ブラン」または「ムロン・ド・ブルゴーニュ」とも呼ばれる。フランス・ブルゴーニュ地方原産で、17世紀にフランス西部・大西洋に面したロワール地方のナント地区に植樹される。早熟で耐寒性もあるため、冷涼なナント地区にも定着。元の果実アロマが少ないため、シュール・リー製法(発酵終了後、澱引きせずに、そのまま澱の上で数か月熟成させる)を採用することが多い。これにより多少の重量感とイースト・フレーバーによる複雑性が加わり、同時に、空気に触れることが少ないので、繊細な新鮮味が保たれる。辛口で控えめな特徴ゆえ、用途が広く、さまざまな食事と合わせやすい。

白ワイン
オークタイプ

アロマ
柑橘系、グリーンフルーツ（リンゴ、ナシ、グリーンプラム）、モモ、アプリコット、トロピカルフルーツ（パイナップル、バナナ、マンゴー、イチジク）、バター、クリーム、ヴァニラ、トースト、ヘーゼルナッツ、ハチミツ

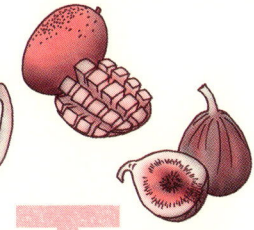

スタイル
中程度から高い酸味、辛口。
さまざまなスタイルが存在するが、一般的にオーク処理、マロラクティック発酵、澱との接触を経た上質なシャルドネは複雑で重厚感があり、クリーミーな口当たりのリッチなフルボディ。

シャルドネ
CHARDONNAY

代表的な産地
フランス・ブルゴーニュ（シャブリ、コート・ド・ボーヌ、マコネ）、カリフォルニア（ロシアン・リヴァー、ソノマ、カーネロス）、チリ（カサブランカ）、アルゼンチン（メンドーサ）、オーストラリア（ヤラ・ヴァレー、アデレイド・ヒルズ、マーガレットリヴァー）、ニュージーランド（ホークスベイ、ギズボーン、マールボロ）、南アフリカ（ウオーカーベイ）

➡ Point

世界のワイン市場で最も知名度のある白ワイン品種。フランス・ブルゴーニュ地方が原産と言われるが、幅広い気候や土壌に適応し、比較的病気にも強く、収穫量が多い場合であっても、そのまろやかな口当たりを表現できるため、造り手からの人気も高く、栽培地は世界中に広がっている。すべてのシャルドネがオーク風味を持つわけではないが、シャルドネはオークとの相性が良く、フランス産やアメリカ産オークの小樽を使用して発酵・熟成させることが多い（大量生産のシャルドネはすべての製造工程をステンレスタンクで行い、オーク風味はオークチップで付け加えられることが多い）。

赤ワイン
ライトタイプ 01

ガメイ
GAMAY

アロマ

イチゴ、チェリー、フレッシュな赤系果実、スパイス、甘いキャンディーやバナナ

スタイル

辛口のライト〜ミディアムボディ。ほとんどが早飲みスタイル。中には熟成に耐えうるものもある。長期保管はおすすめしない。ロワール地方ではロゼワイン造りに他の品種とブレンドして造るものもある。タンニンは少ない。

代表的な産地

フランス（ボジョレー、ボジョレーヴィラージュ（クリュ）、ロワールのトゥーレーヌ、アンジュ）、スイスなど

> ➡ **Point**
>
> 　11月の第3木曜日、ボジョレーヌーヴォー解禁日を祝するワインショップの光景は日本ではすっかりおなじみ。日本は第1位のボジョレーヌーヴォー輸入国であり、ボジョレーワインの品質向上にも貢献している。ガメイ種から造られるこのワインは、収穫からわずか3か月足らずの特急スピードで完成する超フレッシュ&フルーティーの代名詞的なワイン。他のワインよりも淡い色調で、やや青みがかっており、もぎたての赤系果実の香りを持ち、やや高い酸と控えめな中程度のタンニンがもたらす比較的シンプルな飲み心地のワイン。しかし中には指定された村（クリュ）で造られ、凝縮感があり、多少の熟成にも耐えうるワインもある。最近ではその控えめな赤系果実の香味とシンプルな味わいが料理を引き立てることから、「フードフレンドリーワイン」（料理と合わせやすいワイン）としてあらたな位置づけを獲得している。

赤ワイン
ライトタイプ02

アロマ
イチゴやチェリーなどの赤系果実

スタイル
辛口のライト〜ミディアムボディ。程よい酸と穏やかな中程度から低めのタンニンが心地よいバランスをもたらす早飲みタイプ。赤系果実主体のフレッシュ＆フルーティーなものから、樽熟成を経て、よりしっかりした骨格を持つスタイルまで楽しめる。

マスカット・ベーリーA
MUSCAT BAILEY A

代表的な産地
日本（山梨県、岡山県、東北から九州まで）

CHECK

➡ Point

　日本ワインの父、川上善兵衛が1927年に、米系ブドウ品種「ベーリー」と欧州系「マスカット・ハンブルグ」を交配し誕生した、日本独自のブドウ品種。食用ブドウとしても栽培される品種ではあるものの、2013年に「国際ブドウ・ワイン機構（OIV）」にワイン用ブドウ品種として登録されたことで、今後ますます日本固有品種のワインとしての認知度が高まることが期待される。

Chapter 2　ワインの種類と性格を知る

赤ワイン　ミディアムタイプ 01

ピノ・ノワール
PINOT NOIR

アロマ

イチゴ、ラズベリーまたはレッドカラント、チェリーなど赤系果実。スミレ、ほのかなスパイスやヴァニラなどの香り。熟成により、キノコ、湿った葉、森林の下草、猟鳥類など複雑な香りが何層も重なる

スタイル

全般的に淡めの色調のしっかりとした高めの酸、辛口のライト〜ミディアムボディ。穏やかな中程度のタンニン。

代表的な産地

フランス（ブルゴーニュのコート・ド・ニュイとコート・ド・ボーヌ、アルザス、サンセール、シャンパーニュ）、ドイツ、イタリア、ニュージーランド、オーストラリア、南アフリカ、チリ、カリフォルニア、オレゴンなど

➡ Point

　ピノ・ノワールの「ピノ（PINOT）」は英語の「パイン（PINE）」に由来する。小さな粒が密集しているブドウの房の形状が松ぼっくりを彷彿させたらしい。また果皮が薄いため腐敗菌が生じやすく、栽培家や醸造家泣かせの品種とも言われ、ポテンシャルを引き出すのには入念な扱いを必要とする。世界最高値で取引され、ワイン愛好家の垂涎の的でもある「ロマネ・コンティ」が造られるブルゴーニュでは、村や畑ごとに味わいが違うワインを産している。ピノ・ノワールが育つ多様な生育環境や気候と人との関わり方によって、そのテロワールにふさわしいワインを生み出し続けている。一般的にはチャーミングな果実味と控えめなタンニンを特徴とし、若いうちに楽しむワインが大半を占める。優れた状態のものは非常に長い余韻が残り、空いたグラスすらも魅惑的な残り香を放ち続ける。

赤ワイン
ミディアムタイプ 02

[アロマ]

赤い果実（ラズベリー、熟したイチゴ）、
黒い果実（ブラックベリー、プラム、ブラックチェリー）、
ミント、フルーツケーキ、チョコレート、コーヒー

メルロー
MERLOT

[スタイル]

ミディアム～フルボディ。タンニンは、比較的多いが、カベルネ・ソーヴィニヨンよりは少なめ。

[代表的な産地]

伝統的な地域はフランス・ボルドー地方、その他イタリア、スペイン、北米・カリフォルニア州、ワシントン州、チリ・アルゼンチン、南アフリカ・オーストラリアなど

➡ **Point**

　ボルドー右岸のサンテミリオン地区、ポムロール村で偉大なるワインを造り出すことで世界的に有名な品種。カベルネ・ソーヴィニヨンよりアロマと凝縮した風味が少なく、酸も低くタンニンも少ないが、アルコール度数は高め。語源は仏語でツグミを意味する「メルル」に由来。ツグミが早く熟すメルロー種を先についばむからと言われている。通常、カベルネ・ソーヴィニヨンより収穫が早い。保湿性が高く、冷たい土壌である粘土質土壌に合う。メルロー100％でも造られるが、カベルネ・ソーヴィニヨンやカベルネ・フランなどの他品種とブレンドされることも多い。

Chapter 2　ワインの種類と性格を知る

赤ワイン
ミディアムタイプ 03

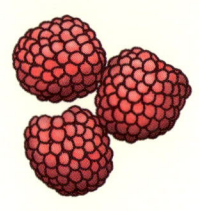

グルナッシュ
GRENACHE

アロマ

イチゴ、ラズベリーなどの赤い果実。白コショウ、甘草（かんぞう）、クローブなど香辛料の風味。熟成と共に香辛料の風味がトフィーや皮革に変化

スタイル

酸味は低く、糖度は高い。通常はフルボディのスタイルが多い。薄い果皮を持つため、ワインは色が濃いものはほとんどない。タンニンは低め。

代表的な産地

スペインのプリオラートやリオハ。伝統的な産地はフランス・ローヌ地方南部（コート・デュ・ローヌ、シャトーヌフ・デュ・パプなど）、シラー種などとブレンドされることが多い。カリフォルニアやオーストラリアでも栽培

➡ **Point**

グルナッシュは果皮が薄いことからロゼワインを造るのが容易で、辛口でフルボディのスタイルが多い。完熟するには高温の気候が必要。乾燥、風の強い環境にも適している。

テンプラニーリョ
TEMPRANILLO

赤ワイン
ミディアムタイプ 04

アロマ
赤い果実（イチゴ、プラム）、樽熟成されると甘いココナッツ、ヴァニラ、肉皮革、キノコ、スパイス

スタイル
中程度の酸を持ち、ミディアム〜フルボディ。タンニンは中程度。産地や醸造方法によって様々な顔をもつワインとなる。伝統的なリオハのスタイルは、アメリカンオークで熟成されるので、タンニンが和らぎ甘いココナッツやヴァニラの風味が感じられる。

代表的な産地
リオハを中心とするスペイン北部〜中部全域で栽培。
スペイン以外では、アルゼンチンが栽培に成功し、カリフォルニア、オーストラリアなどニューワールドでも栽培開始

➡ Point

スペインを代表する黒ブドウ品種で国内最大の栽培面積を持つ。場所によって名前を変え、ウル・デ・リェブレ（カタルーニャ）、ティンタ・ロリス（ドゥオロ）、センシベル（バルデペーニャス）など、多くの別名を持つ。名前の意味は「早熟」。ガルナッチャ（グルナッシュ）とブレンドされることも多いが、他にカベルネ・ソーヴィニヨン・シラーズなどの国際品種とのブレンドで長期熟成タイプのワインも見られる。

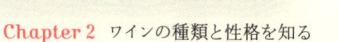

赤ワイン
ミディアムタイプ 05

バルベーラ
BARBERA

アロマ

赤い果実(サワーチェリー、プラム)、スミレ、狩猟肉のアロマ、樽熟成させるとトースト、ヴァニラの風味

スタイル

酸味が高い。フレッシュで果実味豊かなバランスの良いミディアムボディ。タンニンは低い。

代表的な産地

イタリア北西部・ピエモンテ州、ラッツィオ州、カンパーニャ州など

➡ Point

　サンジョヴェーゼ、モンテプルチアーノと並ぶイタリア国内で多く栽培されている固有品種のひとつ。新樽との相性もよく近年、質が上がり人気の品種。原産地のピエモンテ州では、高級品種のネッビオーロより早く、日常飲み用のドルチェットの後に収穫される。バルベーラは地元で愛され、州の総生産量の半分を占める。単一品種で醸造されることが多く、またタンニンが低いため、小樽熟成されることが多い。酸が高いため、十分に熟したとしても自然な酸を残すことができる。イタリアだけでなく、アメリカ、アルゼンチンなど世界中で栽培され始めている。

赤ワイン ミディアムタイプ 06

サンジョヴェーゼ
SANGIOVESE

アロマ

乾いたハーブ、サワーチェリー、プラム、トマト、土を思わせる香り、高温の気候下では果実がジャムのようになる。熟成すると動物的な皮革や埃っぽい香りが出る場合がある

スタイル

酸の高さは程よい。
キャンティのようなデイリー・スタイルで中程度のボディのものから、ブルネッロのようなしっかりしたフルボディのものまで多様。
タンニンは比較的多い。

代表的な産地

イタリアのロンバルディア州から南のカンパーニャ州まで産地は広がるが、中央部、特にトスカーナ州が多い。カリフォルニア州ナパヴァレー、ソノマ、サン・ルイ・オビスポなど

> **➡ Point**
>
> 　起源がとても古いと言われる品種、サンジョヴェーゼの語源は「ジュピターの血」とも。イタリア国内ブドウ生産量第1位、全体の10％を占めるイタリアを代表する品種。クローンも多く、各地で別名を持つ（ブルネッロなど）。

Chapter 2　ワインの種類と性格を知る

赤ワイン
フルタイプ 01

カベルネ・ソーヴィニヨン
CABERNET SAUVIGNON

アロマ

黒系果実（カシス、黒スグリ、ブラックチェリー、ブラックベリーなど）、草木（ピーマン、ミント、ユーカリ、杉、ハーブ）、コーヒー

スタイル

長期熟成に耐えるストラクチャー。品種の特徴が出る強いアロマを持つ。ボルドーでは必ずといってもよいほど他の品種とブレンドされ、その他の地でもそれぞれの地の品種とブレンドされることが多い。タンニンは多い。

代表的な産地

伝統的地域はフランス・ボルドー、特にメドックとグラーブ。フランス（南部、南西部）、イタリア、スペイン、東欧（モルドヴァ、ブルガリア、ルーマニア）、レバノン、オーストラリア、ニュージーランド、カリフォルニア、ワシントン、チリ、南アフリカ

➡ **Point**

おそらく世界で最も有名なブドウ品種名で、良質で非常に長い寿命を持つ赤ワインとなる。年を経るごとに複雑なニュアンスが加わっていく熟成能力を備えている。メルロー種とのブレンドは「ボルドーブレンド」として世界中のワイン産地で生産される。

赤ワイン　フルタイプ 02

シラー SYRAH / シラーズ SHIRAZ

アロマ

黒系果実、香辛料（黒胡椒）
ハーブ（ミント、ユーカリ）、燻製した肉、
甘い香辛料（甘草、クローブ）

スタイル

濃く、濃密ではっきりとした個性、
長期熟成にも向く。
スパイシーさが持ち味。
タンニンは中程度～多い。

代表的な産地

❖シラー：フランスのコート・デュ・ローヌが伝統的産地。ワシントン（コロンビア・ヴァレー）、チリ（コキンボ、アコンカグア）、イタリア（トスカーナ）、スペイン　❖シラーズ：オーストラリア、南アフリカ

➡ **Point**

多くのシラーにオークが使用され、トーストや燻製、ヴァニラ、ココナッツの風味が加わる。ヴィオニエが少量ブレンドされるのは北ローヌ（コート・ロティ）スタイル。南フランスではグルナッシュなどにブレンドされる。オーストラリアではカベルネ・ソーヴィニョンとブレンドされる近年人気の高い品種。一般にオーストラリアや南アフリカではシラーズと呼ばれる。

赤ワイン
フルタイプ 03

ジンファンデル
ZINFANDEL

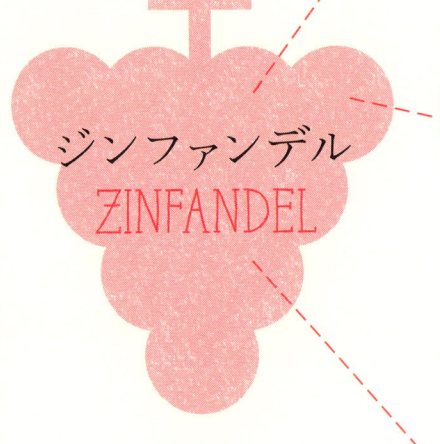

アロマ

黒い果実（ダークチェリー、ブラックベリー）、乾燥した果実（プルーン、レーズン）、甘い香辛料（クローブ、甘草）。ロゼ（ブラッシュ）ワイン：チェリー、イチゴ、クランベリー

スタイル

中程度の酸味、凝縮度の高い風味。フルボディでアルコール度数は高い。ロゼ（ブラッシュ）ワインは、やや甘口、華やかでフルーティーな風味。ライトボディ、アルコール度数は低い。タンニンは、中程度〜やや多め。

代表的な産地

カリフォルニア（ソノマカウンティ、シエラフットヒルズ、サンタクルーズマウンテン）など

➡ Point

　原産国は現在のクロアチアで、現地では、Crljenak kaštelanski、またはTribidragと呼ばれるブドウ品種。アドリア海を挟んで西側に位置する南イタリアのプーリア州では、Primitivo（プリミティーヴォ）と呼び名を変えて、濃厚な果実味と香辛味に富んだワインを産する。カリフォルニアで、1980年代以降に、ホワイトジンファンデルの名前で人気を博したのは、この品種のロゼワインバージョンである。

赤ワイン
フルタイプ④

アロマ
バラの花びら、スミレの花、チェリー、リキュール、イチゴ、タール、なめし革、マッシュルームなど

スタイル
高い酸味、芳香性と凝縮度の高い風味。フルボディでアルコール度数は高い。しっかりとした構造、高い熟成ポテンシャル。
タンニンは多い。

代表的な産地
イタリア・ピエモンテ(バローロ、バルバレスコ、ランゲ、ロエロ、ガッティナーラ、ゲンメ)、ロンバルディアなど

ネッビオーロ
NEBBIOLO

> **Point**
>
> イタリア北西部のピエモンテ州を原産とし、長く熟成する頑強なワインを造る、偉大なブドウ品種。Nebbioloの名前は、収穫時の晩秋にピエモンテ州で発生する霧(nebbia)を由来とする。酸味とタンニンが強いので、熟成と共に複雑さが増し、豪華な風味を身に纏う。伝統的な大樽でワインを熟成させる生産者と、フランス産小樽を用いるモダンスタイルの生産者、そして、その中間のスタイルを持つ造り手がいる。

Chapter 2　ワインの種類と性格を知る

赤ワイン
フルタイプ 05

マルベック
MALBEC

アロマ
黒い果実（プラム、ダークチェリー、ブラックベリー）、ミントの葉、スミレの花、なめし革、ジビエなど

スタイル
中程度の酸味、凝縮度の高い風味。フルボディ、アルコール度数は高い。しっかりとした構造と、余韻。タンニンは、中程度。

代表的な産地
フランス（南西カオール）、アルゼンチン（メンドーサ）

➡ **Point**

　フランス南西地方を原産とする品種で、別名コット（Cot）とも呼ばれる。ボルドーでも広く栽培されていたが、湿度が高い場所では病気にかかりやすいため、現在では、南半球のアルゼンチンで、その存在価値を高めている。濃厚な色と風味を持つが、それらに比較し、タンニンは少ない。熟成すると、動物的なブーケを得ることもある。

ロゼワイン

　色合いや味わいもバリエーション豊かで、世界各地で人気が高まっている。

❖**甘口**　セニエ法などにより果皮を引き上げ、発酵を止めると甘口ワインとなる。アンジュ、ピンクモスカートなど、アルコール度数は低く、ライトな口当たり。
❖**辛口**　アルコール度数は高く、フルボディ。

スパークリングワイン

❖**すっきり爽やか系**
　シャルマ方式、インジェクション（炭酸ガス注入）方式。
　日本のスパークリングワインは、ほとんどがインジェクション方式。安価で美味しいものができる。
❖**優雅で複雑**
　トラディショナル方式、トランスファー方式。

フォーティファイドワイン

　ブランデーなどスピリッツを加えたシェリーやポートは「フォーティファイド（酒精強化）ワイン」に分類される。発酵途中でアルコールを加えるとポートワインのような甘口となり、発酵後に加えるとシェリーのような辛口となる。
　世界三大酒精強化ワインとして、「ポート」「シェリー」「マディラ」が挙げられる。

ENJOY
相性が良いのはコレ！

Chapter 3

マリアージュ

マリアージュとは？

　ワインと料理の相性が合うことを、「マリアージュ」（結婚）と言います。男女に相性があるように、マリアージュにも良い取り合わせと、悪い取り合わせがあります。基本的に「良い」とされる取り合わせのポイントを摑んでおくと、ワインと料理を合わせる際に便利ではありますが、原則に縛られない方が新しい発見ができる場合もありますし、大切なのはあくまでも個人の好みであることを覚えておきましょう。問題になるのは、ワインよりもむしろ料理であり、たいていは、どの料理とワインを組み合わせても、比較的誰の口にも合います。

　料理がワインの味に与える影響として、2つ挙げられます。まずひとつは、料理に含まれる甘味や旨味が、ワインの甘味と果実味を減らし、苦味や酸味を引き立て、ドライな印象へと導くこと。もうひとつは、料理に含まれる塩味や酸味が、ワインの苦味や酸味を減らし、甘味や果実味を引き立てて、なめらかな印象へと導くこと。

　ワインと料理の相性では、一般的に、ワインが料理へ与える影響よりも、料理がワインに与える影響の方が顕著と言われています。

[料理別] マリアージュのポイント

甘味の強い料理
（デザート、果物、照り焼き、味噌煮など）

▼

甘味のある料理は、ワインの甘味と果実味、ボディを弱める一方、苦味、酸味、辛味を強める

▼

〈おすすめワイン〉
- ❖ 料理よりも甘味のあるワイン
- ❖ 酸味やタンニンが低いワイン
- ❖ 果実味や甘味の強いワイン
- ✓ デザート→貴腐ワイン、アイスワイン、甘口スパークリングワインなど
- ✓ 煮物→ドイツの優しい甘味のワイン、ほんのり甘口ロゼワイン

〈避けた方が良いワイン〉
- ❖ 料理よりも甘味が弱いワイン

旨味が濃厚な料理
（きのこ、燻製の魚介類、肉類）

▼

旨味が強い料理は、ワインのボディ、コク、甘味、果実味を弱める一方、苦味、酸味、辛味を強める

▼

〈おすすめワイン〉
- ❖ シュール・リーを施したワイン
- ❖ シャンパーニュ

〈避けた方が良いワイン〉
- ❖ タンニンが多いワイン
- ❖ オーク香がするワイン

塩味が効いている料理
（タン塩、生ハム、塩漬けなど）

▼

塩味が効いている料理は、塩味によって、タンニンの多いワインが飲みやすくなり、なめらかさとコクを引き立てる

▼

〈おすすめワイン〉
- ❖ タンニンの多いワイン
- ✓ 塩を効かせたステーキ→ボルドー
- ✓ タン塩→シャブリなど酸味の高いワイン

酸味が効いている料理
（ピクルス、南蛮漬け、マスタードなど）

▼

酸味の強い料理は、ワインの苦味、酸味を弱め、ワインの果実味、甘味、コクを引き立てる

▼

〈おすすめワイン〉
- ❖ 酸味の効いているワイン
- ✓ 魚介のマリネ→サンセール

〈避けた方が良いワイン〉
- ❖ 料理よりも酸味の低いワイン

Chapter 3 マリアージュ

苦味がある料理	辛みがある料理
（山菜、ゴーヤ、鰻の肝焼きなど）	（四川料理、タイ料理など）
▼	▼
苦味の強い料理は、ワインの苦味を強める （ただし、苦味の許容範囲は、極めて主観的で個人差がある）	辛みがある料理は、ワインのアルコール度と関連して苦味、酸味、渋味、辛味を強めると共に、辛味の化学的刺激を強める。また、ワインのボディ、コク、甘味、果実味を弱める
▼	▼
〈おすすめワイン〉 ❖ 白ワイン ❖ タンニンの少ない赤ワイン ✓ 鰻の肝焼き→オーストラリアのグルナッシュ ✓ ゴーヤチャンプル→南アフリカのシュナンブラン	〈おすすめワイン〉 ❖ 白ワイン ❖ ロゼワイン ❖ アルコール度の低いワイン ✓ チリコンカン→ホワイトジンファンデル ✓ エビチリ→ロゼダンジュ
〈避けた方が良いワイン〉 ❖ タンニンの多いワイン	〈避けた方が良いワイン〉 ❖ アルコール度の高いワイン

[マリアージュルール]

酸味 & 脂肪

ワインの酸味と、脂質や油分の多い料理は大変相性の良いもの。ワインの酸味が料理のこってりとした味わいを引き締めて、すっきりとした味わいとなり、ほとんどの人が「美味しい！」というマリアージュが具現します。

甘味 & 塩味

甘味と塩味がマリアージュする……というのは、多分に主観的なもの。甘辛い味わいが郷愁を誘うように、甘口ワインとブルーチーズなど、非常に好ましい料理とワインの組み合わせになります。

チーズとのマリアージュ

　ワインと最高のマリアージュを見せてくれるものといったら、チーズ。とはいえチーズとひと口にいっても、多種多様。ここでは、チーズの基本からおすすめする組み合わせまでをご紹介します。

❖ まずは、チーズの基礎知識！
　世界中にはさまざまなチーズがありますが、これらはすべてナチュラルチーズとプロセスチーズの大きく2つに分けることができます。ミルクを乳酸菌やレンネットなどの凝乳酵素で固めたものがカード（凝乳）と呼ばれ、そこからホエー（乳清）を除いたものがナチュラルチーズ。乳酸菌などが生きているチーズです。フレッシュなものから熟成させたものまでさまざまなタイプがあります。

　一方、プロセスチーズは、数種類のナチュラルチーズ（ゴーダ、チェダーなどが使われることが多い）を粉砕、加熱溶解、そして乳化剤を加えて乳化させる、という3つの工程を経て容器に詰めて冷却したもの。加熱によりチーズの中の乳酸菌や微生物、酵素などの活性が失われるため、長期保存が可能で、品質も安定しているのが特徴です。定番のカートンタイプから、スライス、6P、キャンディ型とさまざまな形状のものがあります。

❖ ナチュラルチーズは7つのタイプ
　ナチュラルチーズの分類方法は国によりさまざまにありますが、日本でおなじみの方法は、フレッシュ、白カビ、青カビ、シェーヴル、ウォッシュ、セミハード、ハードの7タイプに分けるものです。これはフランスの分類方法をベースにしたものです。

① フレッシュタイプ

　ミルクを乳酸菌や、酵素や、熱で凝固させ、ホエーを取り除いて、すぐ食べることができるチーズをいいます。原料乳は、牛、山羊、羊、あるいはこれらの混乳などさまざまです。フレッシュタイプのチーズは新鮮なうちが美味！　開封後は早めに楽しんでください。

> 代表的なチーズ：
> フロマージュ・ブラン、リコッタ、クリームチーズ、モッツァレッラ、カッテージ

② 白カビタイプ

　チーズの表面に白カビを繁殖させ、マット状のカビの層をつくり熟成させるタイプのこと。白カビが生み出す酵素によってタンパク質が分解され、チーズの表面から内部に向かって組織がやわらかく変化していきます。若い熟成のチーズには真っ白な白カビで覆われ、断面にはチョーク状の芯があり、マッシュルームのような香りがするものが多くあります。

　熟成が進むことで芯の部分が次第に小さくなり、風味、コクが豊かとなり、複雑さが生まれてきます。

　最近ではミルクにクリームを加えて乳脂肪分を多くしたサンタンドレなどの白カビタイプも人気です。

> 代表的なチーズ：
> カマンベール・ド・ノルマンディ、ブリ・ド・モー、シャウルス、ヌーシャテル

③ 青カビタイプ

　チーズの内部に青カビを繁殖させ熟成させるチーズで、ブルーチーズとも呼びます。

青カビは好気性であるため、チーズの内部に意図的に隙間をつくったり、金串で孔をあけたりすることで、その空気孔に沿って青カビが繁殖し、綺麗な大理石模様をつくり上げます。
　一般的にこのタイプは塩分が強く、ピリッとした青カビの刺激的な味わいが特徴です。

> 代表的なチーズ：
> ロックフォール、ゴルゴンゾーラ、スティルトン

④シェーヴルタイプ

　シェーヴル（Chèvre）とはフランス語で山羊乳からつくられるチーズのこと。日本ではフランス以外の山羊乳製チーズもシェーヴルタイプと呼んでいます。山羊乳はカロテンの含有量が少ないため、一般的に白っぽいチーズになります。また山羊乳には特有の風味があり、これがチーズに移行します。熟成によりチーズの組織と風味が変化していくのも特徴です。熟成が若いシェーヴルはまだ水分が多く、やわらかい組織で、ミルクの香りの中に爽やかな酸味が感じられます。熟成が進むにつれ、組織が引き締まり、芳醇な香り、独特のコクと旨味を持つ味わいになります。

> 代表的なチーズ：
> サントモール・ド・トゥーレーヌ、ヴァランセ、マコネ、バノン

⑤ウォッシュタイプ

　その名の通り、チーズの表面を塩水やマール、ビールなどで洗いながら熟成させるチーズのこと。表皮を洗うことで、枯草菌の一種であるリネンス菌が表面に繁殖していきます。このリネンス

菌が、表皮に強い匂いと赤い粘り気のある膜をつくりますが、中身はクリーミーでコクがあります。中世に修道院で生まれたものが多く、同郷のワインとの相性は抜群です。最近ではミルクにクリームを加え乳脂肪分を多くし、香りをマイルドにしたものも開発されています。春夏は熟成の若いものを、秋冬は熟成の進んだものをワインと合わせてどうぞ。

代表的なチーズ:
エポワス、マンステール、リヴァロ、タレッジョ

⑥セミハードタイプと⑦ハードタイプ

　チーズの形を整えるためにプレスして硬くつくったチーズのこと。セミハードとハードは、製造過程でカード（凝乳）の温度を約40℃以上に上げる（クッキングと言う）か否かで分けられます。カードをクッキングすることでよりホエー（乳清）を多く除去することができ、これをプレスすることにより硬く仕上がり、ハードタイプのチーズとなります。できたばかりの2つのタイプのチーズの硬さは明確ですが、セミハードタイプも熟成により水分が抜けることで硬く締まってきます。

　たとえばミモレットは「ミ・モレット（半分軟らかいの意味）」で、セミハードタイプに分類されますが、熟成により硬さが増していきます。一般に大型で長期熟成向きにつくられたチーズで、熟成により旨味やコクが増していき、ナッツのような香ばしい風味を持つチーズもあります。

代表的なチーズ:
セミハード……ゴーダ、チェダー、サムソー
ハード……コンテ、エメンタール、グリュイエール、パルミジャーノ・レッジャーノ

"チーズはワインの最良の友"と言われるほど！　美味しい組み合わせは無数に存在します。
　基本の３つのポイントを押さえてみましょう。
　ワインとチーズの美味しいマリアージュの可能性がどんどんと広がっていくことでしょう。

❖ワインとの組み合わせのポイント
①熟成度合いを合わせる！
　一般的にチーズもワインも熟成が進むと風味が強くなっていきます。
　若めのチーズにはトロンテス種の白ワインやガメイ種の赤ワインなど、フレッシュでフルーティーなワインがぴったり。熟成の進んだチーズには、テンプラニーリョ種から造られるスペインのリオハ・レセルバなど、同じように熟成の感じられるワインを合わせてみてください。

②香りや味わいの成分で合わせる！
　チーズとワイン、それぞれの持つ成分を軸にして、同じ傾向と合わせたり（同調 Similar シミラー）、対比させてみたり（対比 Contrast コントラスト）する方法です。

酸味
　酸味の度合いやタイプを同調させる方法です。しっかりした酸味を持つ若いシェーヴルにはフレッシュな酸味を持つシュナン・ブラン種の白ワインを、まろやかな酸味を持つ適熟のカマンベール・ド・ノルマンディにはマロラクティック発酵を施した穏やかな酸味のシャルドネ種の白ワインがぴったりです。

塩味

　塩味が強めなブルーチーズには甘口ワインを合わせるのが定番の組み合わせ。こちらは塩味と甘味を対比させる方法。ロックフォールとソーテルヌ、スティルトンとポートは有名な組み合わせです。

乳脂肪分

　ミルクにクリームを加えてつくる乳脂肪分の多いチーズには、リースリング種のような酸味の高いワインやカベルネ・ソーヴィニヨン種などの渋味のしっかりしたワインで対比させます。ワインの酸味や渋味がチーズの脂っぽさをすっきりと引き締めてくれます。またシャンパーニュなどのクリーミーなスパークリングワインと同調させることで、よりクリーミーな味わいを広げてくれる組み合わせもあります。

香り

　チーズの持つさまざまな香りをワインに見つけて、同調させる方法です。たとえば、熟成したコンテのようにナッツの風味を持つチーズには、樽熟成を施した香ばしさを持つシャルドネ種の白ワインを。フレッシュハーブを使ったチーズにはソーヴィニヨン・ブラン種の白ワインを。コショウなどのスパイスを効かせたチーズには、シラー種の赤ワインを合わせてみましょう。

③産地の近いもの同士で合わせる！

　チーズとワインが同郷、あるいは近い産地であるという組み合わせも良いマリアージュのポイントです。

国／地方名	チーズ名	ワイン名
フランス／ロワール	クロタン・ド・シャヴィニョル	サンセール
フランス／アルザス	マンステール	アルザス・ゲヴュルツトラミネール
フランス／シャンパーニュ	シャウルス	シャンパーニュ
イタリア／トスカーナ	ペコリーノ・トスカーノ	キアンティ・クラッシコ

❖チーズをより美味しく楽しむために
①温度

　チーズをより美味しく楽しむために気を付けたいのが、温度！
　まさにワインと同じでサービス温度というものがあります。それは一般に15〜18℃。
　フレッシュタイプのチーズはギリギリまで冷蔵庫に入れておかないと新鮮さが損なわれてしまいますが、その他のタイプのチーズは、せめて食べる30分前までには冷蔵庫から取り出しておきましょう！
　こうしてチーズを室温にしておくことでチーズ本来の持つ風味、クリーミーな食感を十分に楽しむことができます。

②カット方法

　チーズはタイプや形により美味しい切り方が異なります。すべてに共通するポイントは、チーズを均等に切り分けること。ほと

んどのチーズは外側から中心部に向かって熟成が進んでいきます。ひと切れに外側と中心部の両方が入るようなカットをすることが大切です。

③食べる順番

風味の優しいものから強いものへと食べていきます。こうすることでチーズの風味を壊すことなく楽しむことができます。

❖チーズとワインをより近づけるために

チーズとワインのマリアージュの際、つなぎ役をしてくれる食材があります。

パン

Bon Pain, Bon Vin, et Bon Fromage! と言われるように、美味しいパンは欠かせません。次のチーズへの口直し、箸休め、そして異なった食感を生む大事な存在！ オールマイティなのはバゲットを代表とするフランスパン。濃厚な乳脂肪分の高いチーズにはライ麦パンもおすすめです。

ドライフルーツ

チーズプラトー（盛り合わせ皿）に彩りを添えるばかりでなく、ドライフルーツの酸味と甘味が味わいの奥行きを与えてくれます。

スパイス

粒マスタードやコショウ、キャラウェイシードなどの香辛料を添えると同じ香りを持つワインに同調させやすくなります。

ハチミツやジャム

　独特な風味を持つシェーヴルタイプや、塩味が強めの青カビタイプに添えると、チーズがより食べやすくなります。またハチミツの香りを持つソーテルヌなどのワインとぴったり寄り添います。

オリーブオイル

　おすすめはエクストラ・ヴァージン・オリーブオイル！　チーズにディップすることで口当たりがなめらかになり、よりワインとの相性を近づけてくれる！　まさにつなぎ役です。

❖ **万能チーズ　ブリ・ド・モー**

　もし、「最高にワインに合うチーズをひとつだけ挙げなさい」という質問をされたら、数あるチーズの中から迷わず選ぶのは、ブリ・ド・モー。ブリ・ド・モーは、フランス、パリにほど近いイル・ド・フランスのブリ地方モー村の名前を冠した牛乳製の白カビタイプ。8世紀にシャルルマーニュが賞味したという歴史のあるチーズです。1814～1815年のウィーン会議で行われたチーズコンテストで満場一致で1位に選ばれました。白カビタイプと言えば、日本ではカマンベールの方が有名ですが、カマンベールはフランス革命中にブリから製法が伝わってつくられたものと言われています。直径36～37cm、重さ2.5～3kgの平たい円盤形、白カビタイプの中では破格の大きさ。程よく熟成させたブリ・ド・モーをカットすると、クリーム色のなめらかな中身がトロリと流れ出てきます。上品でクリーミーな風味が広がり、しっかりしたコクのある余韻がたまりません。どんなワインにも寄り添って、その味わいを豊かにします。「チーズの王」に選ばれるほどの気品のあるチーズですが、決してワインの邪魔をせず、美味しさをより引き立ててくれるでしょう。

✦ 料理とのマリアージュ ✦

[エスニック料理に合う！]

　香辛料と甘味の調和にパクチーやレモングラスの鮮烈な香りが重なって食欲を増進させてくれるタイ料理ですが、選ぶ飲み物がビールだけというのも芸がない。そこでおすすめするのが、北イタリア、オーストリア国境近くのアルト・アディジェ地方で造られる「ゲヴュルツトラミネール」。最大規模の協同組合「カルタン社」の「ゲヴュルツ」は、マンゴー＆ライチのトロピカル風味が豊富。この地方が原産地と言われる品種「ゲヴュルツ」ですが、フランスのアルザス産のものに比較して果実味とボディがタップリ。よく冷やしても、しっかりと主張する華やかな風味は、スパイシーな料理の味わいをさらに美味しく彩ること、間違いありません！

産地：イタリア／品種：ゲヴュルツトラミネール／価格：オープン（参考価格：2220円〔税別〕）／輸入元：アサヒビール（株）

［鰻に合う！］

　一般的には日本酒といただくことが多い鰻ですが、「白焼き・うざく」と合わせるなら、山梨県産「グレイス・シャルドネ2011」。標高700m、明野の冷涼かつ長い日照時間を誇る土地で造られたシャルドネは、キリリとした酸味と柑橘類の個性が際立ちます。味わいに溶け込んだ上品な樽の香りが、炭火で焼いた鰻の風味とシンクロします。「肝焼き・うな重」に合わせるなら、オーストラリア産「フォックスクリーク　レッド・スパークリング　ヴィクセンNV」。プラムやカシス、そしてナツメグとヴァニラの香辛風味。冷やしていただくと、渋味と濃厚な甘い風味が、うな重のタレや、野性的な肝の味わいと良い相性を見せてくれます。シュワシュワッと口中で広がる泡の感覚も、ふんわりと蒸し上がった蒲焼のボリュームとよくマッチします。

＜上から順に＞○産地：山梨県／品種：シャルドネ／価格：オープン／販売元：中央葡萄酒(株)　○産地：オーストラリア／品種：シラーズ、カベルネ・フラン、カベルネ・ソーヴィニオン／価格：オープン（参考価格2991円［税込]）／輸入元：ファームストン(株)

ENJOY

Chapter 3　マリアージュ

Column

「五味」を完成させる、和食とのマリアージュ

　マリアージュというと、フレンチやイタリアンばかりを考えがちですが、和食で応用すると、日本人の食習慣と思わぬ共通性が見え、とてもわかりやすくなります。和食の主な構成要素は、辛味、甘味、塩味、苦味の4つ。酢の物や酢じめなどは例外として、実は酸味の要素が少ないのです。それを補うために、仕上げに柑橘類の酸をプラスすることが、多々あります。焼き松茸にスダチを搾ったり、西京焼きにユズをかけたり、秋刀魚の塩焼きに青ミカンの汁をしたたらせたり……。そうした柑橘類の代わりに、酸味のあるワインを一緒に飲むと、とても相性の良いマリアージュになります。和食を構成する四味に、酸味の一味が加わって五味となり、抜群にバランスが良くなる、というわけです。

　また、和食では、料理の仕上げに葱や唐辛子など、個性的な香りを「薬味」として添えます。ハーブの香りを持つ白ワインや、スパイシーなニュアンスのある赤ワインのマリアージュは、こうした薬味にも相通じます。ワインの中に、魅力的な香りを見出したら、是非とも、その香りを薬味として、和食に寄り添わせてみては？

STUDY
基本はコレ！

Chapter 4

ワインはこの5つで決まる

　ワインの味を知るために必要な要素は、究極的にはたった5つに絞られます。

- ✓ ブドウ品種
- ✓ ブドウが育つ環境
- ✓ ブドウの栽培
- ✓ ワインの醸造
- ✓ ワインの熟成

　この5つがワインの味わいや香り、品質の裏付けとなり、ワインの価格にも影響するというわけです。

したがって、
- ✓ どんなブドウ品種を使っているのか？
- ✓ どのような環境で栽培されたのか？
- ✓ どのように育てられ、収穫されたのか？
- ✓ どのように醸造されたのか？
- ✓ どのように熟成してきたのか？

　という基本的な情報さえ押さえれば、ボトルを開けてみなくても、ワインの味わいはおおよそ見当がつきます。

その1 ブドウ品種

> どんなブドウ品種を使っているのか？

　ブドウは品種によってそれぞれ個性があり、ワインになったときに特徴的な香りや味わいとなって表れます。白ワイン用の品種を例にとれば、ソーヴィニヨン・ブランは、爽やかな酸味と果実味を持ち、何より、ハーブや野菜を思わせるグリーンなニュアンスが特徴です。その他に、同じ白ワイン用の品種でも、シャルドネは基本的な香りとして柑橘系やあんず、モモなどのフルーツのニュアンスを持ち、またリースリングは白い花や柑橘系の香り、青リンゴのような爽やかな香りを品種特性として持っています。ワインの中から特徴的な香りや味わいを見つけることができるようになれば、自分の好みの品種やワインを見つけやすくなります。

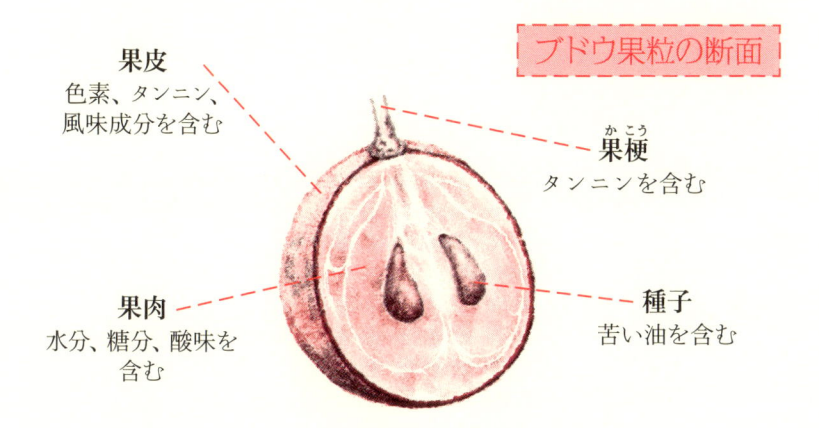

ブドウ果粒の断面

- **果皮**　色素、タンニン、風味成分を含む
- **果梗（かこう）**　タンニンを含む
- **果肉**　水分、糖分、酸味を含む
- **種子**　苦い油を含む

　ブドウ果実は、ワインを醸造するのに必要な糖分（アルコールとなる）、水分、酸味、風味、色素、タンニンすべてを含みます。この6つの成分の量と質は、ブドウ品種・環境・生育法によって変わります。

Chapter 4　ワインはこの5つで決まる

その2 ブドウが育つ環境

> どのような環境で栽培されたのか?

　多くのワイン産地は、ブドウ品種にとって成長しやすい気候環境となる北南緯30〜50度に位置します。理想的な環境に必要なのは、二酸化炭素、日照、水分、温度、栄養分。この中で、二酸化炭素以外の要素に影響を与えるのが、気候と天候と土壌です。

▶ Point! 気候で、こんなに違う！

❖冷涼な気候環境で育まれたブドウが、ワインになるときの特徴
- ✓ 低いアルコール度数
- ✓ ライトボディ
- ✓ 控えめなタンニン
- ✓ 高い酸味

❖高温の気候で育まれたブドウが、ワインになるときの特徴
- ✓ 高いアルコール度数
- ✓ フルボディ
- ✓ 多くのタンニン
- ✓ 低い酸味

▶ Point! 天候で、こんなに違う！

　ボルドーやブルゴーニュなどのワイン産地に、「良いヴィンテージ（収穫年）」や「理想的ではないヴィンテージ」があるのは、年によって天候の影響から、ブドウの生育に差が出るためです。一見すると安定しているように思えるニューワールドのワイン産地でも、実はヴィンテージごとの違いがあり、それがワインの性格に反映されます。気候は地域に付随する基本条件ですが、天候は必ずしも毎年一様ではありません。

Point! 土壌で、こんなに違う！

　過剰な湿潤はブドウ樹の大敵。果実が水っぽくなってしまったり、病害虫が蔓延したり……というリスクが高くなります。したがって、ワイン用のブドウ栽培に理想的なのは、第一に「水はけの良い土壌」。降雨量の多い地域の畑は、水はけの良い斜面や白亜質の土壌にあり、降雨量が少ない地域では、灌漑が不可欠になってきます。

その3 ブドウの栽培

どのように育てられ、収穫されたのか？

　ブドウ畑の一年を通して、ブドウの品質とスタイルに大きく作用する作業は畑管理と収穫です。畑管理とは、すべてのブドウを同じ時期に十分に成熟させるために、ブドウの樹になる房の数、ブドウの房の温度や日照への露出などをコントロールすること。かなり手間のかかる作業のため、品質と共に価格も上がります。また、房の数を制限して収穫高を抑えると、熟して凝縮した風味を持つブドウができますが、その作業コストがかかり高い価格となります。

　手摘みで収穫する方法の他に機械収穫もあります。最上質のワインは、手摘みでも機械収穫でも造れますが、それぞれにメリット、デメリットもあります。

❖ **手摘み収穫**
- ◎ 急斜面で機械が入れない畑に向いている。
- ◎ 腐敗果を選別することができる。
- △ 費用と時間を要する。

❖ **機械収穫**
- ◎ 広く平坦な畑に向いている。
- ◎ 気温が低い夜間などの時間帯に収穫できるので、ワインの酸化を防げる。
- △ 不適切なブドウを選果できない。

キャノピーマネージメント
（Canopy Management 樹冠管理）

　7月下旬になると、硬かったブドウの果実もやわらかくなり始め、緑色だった実は白品種ならば透明感が増し、黒品種ならば濃く色づき始めます。それは、ブドウの生育サイクルが、樹体を成長させる栄養成長期から次世代の子孫を残すための活動である生殖成長期に切り替わる時期、ヴェレゾン期に入ったというサインなのです。

　ヴェレゾン期の直前になるとブドウの樹の勢いよく育ったキャノピー（樹冠）を適切な形状に整える作業、キャノピーマネージメントが行われます。これは、果実に効率良く栄養を行き渡らせることや、着色を促進し風味を向上させるために太陽光を果房に当てること、そして、樹冠内の密度を少なくすることで風通しを良くし、カビによる疾病を予防するなどの目的で行われるブドウ品質に関わる大切な作業なのです。

　実際の作業内容を説明しますと、伸びすぎてしまった新梢は、高さを揃えて丁寧に切られます。また、果房の周囲の葉は、キャノピー内の空気の流れを良くするために、そして太陽光が果実に十分に当たるように取り除かれるのですが（除葉作業）、あえて西日が当たる側の葉群は残すことも多くあります。これは、強い日差しによりブドウが日焼けをすることを防ぐ意味があるのです。また、時には、たわわに実った果実を切り落とすことも行われるのですが（摘房作業）、品質の高いブドウ果実を得るためとはいえ、少しもったいない気がしますね。

その4 ワインの醸造

> どのように醸造されたのか？

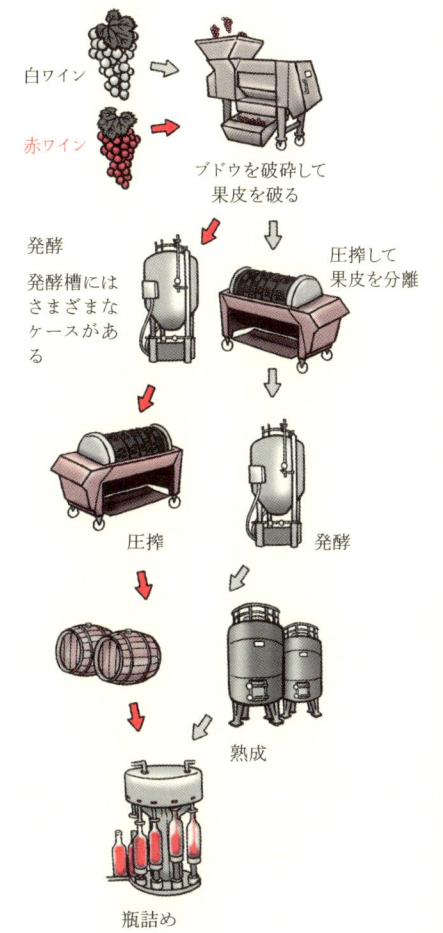

❖ワインの醸造過程

　醸造過程で最も大切なのは、発酵です。ワインは、すべてブドウが発酵することによってできます。発酵とは、果汁に含まれる糖が、酵母の作用によって、アルコールと二酸化炭素に分解されることをいいます。

　アルコール発酵が終わった後、「マロラクティック発酵（MLF）」と呼ばれる二次発酵が行われることがあります。「マロラクティック発酵」とは、乳酸菌の働きによって、ワインに含まれるリンゴ酸が、乳酸と二酸化炭素に分解されること。鋭角的なリンゴ酸が、やわらかな乳酸に変化することで、味わいがまろやかに。わかりやすく表現すると、「酸っぱいワインを、クリーミーにする」醸造過程です。

白ワイン
赤ワイン
ブドウを破砕して果皮を破る
発酵
発酵槽にはさまざまなケースがある
圧搾して果皮を分離
圧搾
発酵
熟成
瓶詰め

さらに発酵中に多様なアロマが発生するため、ワインに複雑さが備わります。

具体的には、ワインの温度を上げて、果皮に含まれる乳酸菌を活発化させ、ほどよいところを見計らって働きを止める……という作業になります。もちろんリンゴ酸にもシャープな魅力があるので、分解をどの段階で止めるかに、造り手のセンスが表れます。

また「マロラクティック発酵」には、微生物の影響を受けやすいリンゴ酸が減少することで、ワインの安定性を高める効果もありますが、その一方でフレッシュさが失われるという側面も。このため、この発酵が行われるのは、赤ワインの大部分および熟成タイプの白ワインで、フレッシュさを楽しむタイプのワインには施されません。

❖ 仕上げ（濾過）

不純物などを取り除く濾過という作業を行います。濾過にはワインを清澄し、安定させる働きがありますが、味わいの複雑さが損なわれるとして、濾過の回数を減らしたり、行わなかったりする造り手もいます。

❖ 瓶詰め

従来、「わずかな空気の出入りがあるので、熟成のために好ましい」と考えられボトルの栓にコルクが用いられてきましたが、フレッシュでアロマティックな白ワインに関しては、その品質とスタイルを保つために、密閉度の高いスクリューキャップが用いられることが多くなっています。一番の理由は、コルクテイント（臭）の発生を防ぐことにあります。若飲み用のワインに用いているだけではなく、長期熟成が期待できる繊細な味わいのワイン、特にニューワールドのリースリングや、ピノ・ノワールにスク

リューキャップを用いる生産者は増えています。

[白ワインができるまで]

　白ワインは、基本的に白ブドウから造られ、繊細な味わいが求められるケースが多いため、発酵前に果皮や種子が取り除かれます。また、果皮を浸さない黒ブドウの果汁から造られる白ワインもあります。

　ブドウの果皮が破けるほどに軽く潰し、果実を圧搾し、果汁と果皮に分離します。

　圧搾後、ブドウの果汁にワイン酵母を加え、発酵槽において低温（通常12〜22℃）で2〜4週間発酵させます。

　果汁に含まれる糖分が酵母の働きでアルコールと炭酸ガスに分解され、発酵が完了する前に発酵を停止させることにより、糖分を残した甘口のワインになります。完全に発酵させ、糖分をアルコールに転換させると、辛口のワインになります。

　また、発酵後に沈殿して「澱」となった酵母をあえて除去せずにタンク内に数か月置き、酵母の自己消化によるアミノ酸の影響を以ってコクを出す「シュール・リー」という手法も。シュール・リーとはフランス語で「澱の上」という意味で、比較的軽やかなブドウ品種に用いられます。

[赤ワインができるまで]

　赤ワインは基本的に、黒ブドウから造られます。赤ワインの色合いは、発酵中の果汁に果皮を浸すことで得られます。

　果汁と果皮が一緒になったマスト（もろみ）にワイン酵母を加えて高温（20〜32℃）で発酵させ、果皮から色、タンニン、風味を抽出するのを助けます。

果肉が赤いブドウもある

　巨峰やデラウェアなど、私たちが日常口にする皮が黒いブドウも、むいてみると果肉は薄緑色をしており、黒や赤ではない。赤ワインに用いられる黒ブドウ品種も同じで、果皮は黒くても果肉の色は赤くはないのがほとんどだが、世界には果肉や果汁まで赤色がかった品種がある。総称で「タンティリエ」といい、フランス語で「染色業者」の意味。その名の通り、おそらくはワインの色を濃くするために用いられ始めたらしい。

　果肉も色のついた野ブドウを、19世紀にルイ・ブーシェというフランス人が繰り返し交配させてつくったのが、スペインや南フランスでワインに使われている「アリカンテ・ブーシェ」、スペイン名「ガルナッチャ・ティントレラ」である。他にもボジョレーワインのブドウ品種で有名なガメイの仲間に「ガメイ・ド・ブーズ」など、果肉が赤い品種があり、ロワール地方やフランス以外でも栽培されている。ドイツのファルツやバーデンでも交配でつくられた「ドゥンケルフェルダー」（ドゥンケルはダークの意味を持つ）というブドウが、ブレンドに使われている。

　ブレンドにも使われるが単一でも重要なものに、グルジアを代表する地元品種「サペラヴィ」がある。グルジア原産のとても古いブドウで、ワインはしっかりとした色と酸があり、瓶でも長期熟成する。寒さにも比較的対応できるのでロシアはもちろん、旧ソ連邦諸国の多く、黒海周辺の国々で栽培されている重要なブドウ品種である。

［ロゼワインができるまで］

　赤ワインと同様に、ロゼワインは黒ブドウ品種から造られます。
　赤ワインとロゼワインの違いは果皮や種子を漬け込む期間の差です。搾汁時に果皮の色素が出るように強く圧搾する「直接圧搾法」、色素が淡い段階で果皮を引き上げる「セニエ法」、白ブドウと黒ブドウを一緒に仕込む「混醸法」など、醸造方法によって色や味わいに違いが出てきます。

［スパークリングワインができるまで］

　スパークリングワインの製造法は、主に３種類あります。

❖トラディショナル方式
（瓶内二次発酵方式・メトードクラシコ方式）

　シャンパーニュ地方で発達した醸造方法で、ボトルの中で二次発酵を促し、二酸化炭素を発生させたものです。シャンパーニュ以外の国や生産地でも、プレミアムなスパークリングワインはこの方式で造られることが多くあります。

❖トランスファー方式

　瓶内二次発酵の工程まではトラディショナル方式と同じで、その後、ワインを加圧下のタンクに移してガスの安定性を高め、再び瓶詰めしたもの。ニューワールドのリーズナブルな価格のスパークリングワインに多く用いられます。

❖シャルマ方式

　一次発酵を終えたスティルワインを、ステンレスタンクに入れ、その中で二次発酵を行ったスパークリングワイン。密閉性の高い嫌気的条件下で醸造されるため、若々しくフレッシュな味わいと

なります。生産効率が良く、コストも安く、短期間で造ることができます。

［フォーティファイド（酒精強化）ワインができるまで］

醸造過程でアルコール（酒精）を添加することで、アルコール度数を高めたワインのことです。発酵を途中で止めるとポートワインのような甘口となり、最後まで発酵させるとシェリーのような辛口となります。

［甘口ワインができるまで］

甘口ワインの造り方には、①発酵の中断、②甘味の添加、③糖分の凝縮の3種類があります。

ブドウの糖分の凝縮方法には、乾燥、貴腐菌の利用、ブドウの凍結があります。

❖ ブドウを乾燥させて造ったワイン

収穫を遅らせたり、収穫後にブドウを陰干しにするなどして糖度を高めた果実を用いて造ります。基本的には甘口ですが、稀に旨味の濃い辛口ワインに仕上げることも。過熟度合いも軽めから干しブドウ状のものまでさまざまです。

❖ 貴腐ワイン

ブドウの果皮に、ボトリティス・シネレアという特殊なカビが付着すると、菌糸が果皮を刺すことにより水分が蒸発し、果実の糖度が高くなります。こうしたブドウは「貴腐ブドウ」と呼ばれて珍重されています。ボトリティス・シネレア菌がつくか否かは偶発的要素が高いため、極めて稀少で、産地も限定されています。

❖ **アイスワイン（凍ったブドウから造られるワイン）**

　樹に果実をつけたまま、晩秋〜冬期の寒波の到来を待ち、マイナス８℃以下の気温で、ほどよく果実が凍ったところを収穫。水分が凍った状態で搾汁すると、凍結しづらい糖分と酸が効率良く抽出できます。この果汁を用いて醸造すると、透明感が高く、芳醇な香りを持つ甘口ワインとなります。

▶ **Point! 発酵する容器で、こんなに違う！**

　ワインの醸造や熟成には、基本的に樽が用いられていました。
　現代では、温度管理をしやすいステンレスタンクが普及してきています。

❖ **樽発酵**

　ステンレスタンクなどに比べ、酸素の出入りが微量に起こり、発酵が比較的スムーズ。風味がまろやかになります。

❖ **ステンレスタンクによる発酵**

　ワインが酸素に触れる機会が少ないため、新鮮な果実の香りや酸味が保たれます。白ワインについては、低温発酵が可能なために、新鮮な風味が保たれます。赤ワインについては、高温に設定することで、色素や風味の抽出を促します。

▶ **Point! 樽香で、こんなに違う！**

　樽香は、焼きたてのトーストのような香ばしさがその特徴です。ヴァニラ系の香りは材木の油脂成分に、トースト香は、内側を焼き締める樽の製作過程に由来します。一般的にフレンチオーク材を用いた樽は、ワインに与える影響が穏やかで、品格のあるヴァニラの香りを添える、と言われます。これに対してアメリカン

オークは、ココナッツなどのような甘い印象をワインに与えることが多いです。

エレガントなスタイルのワインにはフレンチオーク樽が使われるケースが多く、果実味豊かなニューワールドタイプのワインにはアメリカンオークを用いた樽が使われる場合もあります。

また、造り手によっては、ステンレスタンクや、産地の異なる樽を、何種類も使い分けて一本のワインを造ることもあります。

樽は新しいものほど、ワインに与える香りや味わいへの影響が濃厚です。このため、ワインに樽の影響を強くつけたい場合は新樽を用い、穏やかに樽を効かせたい場合は、何年か使用した古樽を使うケースが多いです。また、安価に樽香をつけるために、樽を用いず、熟成過程においてオークのチップをティーバッグのようにワインに入れる手法もあります。値段が安いわりに、芬々とオークが香るワインに出会ったときには、ひとつの目安になります。

その5 ワインの熟成

どのように熟成してきたのか？

ゆっくりとした化学反応によって、ワインにまろやかさを加えることを「熟成」と呼びます。

熟成は、小樽あるいは（木製の）大樽かステンレスタンクで行われますし、瓶詰め後に、瓶の中でも行われます。熟成中における最も重要な変化は、複雑な風味を生み出す、ゆっくりとした化学反応であり、熟成中の酸素の有無により、異なる変化をワインにもたらします。

> **Point!** 酸素のあるなしで、こんなに違う！

「熟成」には、大きく分けて2種類あります。

　ひとつは、木製の樽で熟成が行われるケースで、「酸素のある状態の熟成」です。小樽や木製大樽は通気性が高いため、少量の酸素がワインに溶け込み、タンニンがやわらかく変化して、なめらかな味わいになります。特に樽で熟成させたワインには、バターと砂糖を煮固めたトフィーキャンディーや、イチジク、ヘーゼルナッツ、コーヒーなどの香りが現れます。

　もうひとつは「酸素のない状態の熟成」で、醸造過程におけるセメントタンクやステンレスタンクでの化学反応と、瓶詰め以後にボトル内で進行する化学反応で、どちらも、「酸素のある状態の熟成」に比べて、その効果は緩慢です。ステンレスタンクの中では、ワインの風味はほとんど変わりません。ボトルの中では、その変化は早く起こり、新鮮な果実のアロマが、コンポートやジャムなど調理されたニュアンスに変化したり、湿った木の葉やキノコ、なめし革などの複雑な香りに変化していきます。しかしながら、瓶熟成が長すぎると、ほとんどの白ワイン、そして多くの赤ワインは、酸化臭や還元臭を発生させます。

Chapter 4　ワインはこの5つで決まる

Column

熟成

　時を刻み品質が向上したワインを開けるとき、複雑さを愛でるワインラヴァーは特別な喜びを得ます。たとえば豊富なリンゴ酸と濃密な甘味とが絶妙なバランスを持つドイツ・ラインガウの貴腐ワインや、堅牢なフランス・メドックの銘醸赤ワインは、何十年もかけて酒質を向上させることで知られています。

　ではワインに複雑さや円熟味を与える熟成とはどのようなメカニズムでしょうか。科学で解明されていない部分もありますが、ひとつはブドウに含まれる有機酸同士、加えて発酵中の酵母が生成した物質、そしてワイン中のアルコールとの間で連続的な化学反応が起き、多様なエステルが生成されること。結果として複雑な香味が生まれるというわけです。豊富な酸を持つワインがよく熟成すると言われるのはわかりやすい例ですね。

　2番目に、ブドウに含まれる抗酸化物質であるタンニンの量と質に関わります。時間が経つにつれて、ワイン中のタンニン分子は縮合し沈澱するので、それと共に渋さが和らぐと同時に、徐々にワインの酸化が進みます。ワイン中の色素の安定作用と抗菌作用を持つタンニンですが、ブドウ果実のみならず木製の容器からもワイン中に溶け込むことを忘れてはいけません。

　3番目に、ワインの主成分である水とアルコールとの化学変化に起因する調熟という作用があります。時の経過と共に隙間がある水分子の間にアルコール分子が入り込み、水分子に包まれたワイン中のアルコール分はマイルドな飲み心地になると言われています。

TRY
テイスティングしてみよう！

Chapter 5

テイスティングとは？

　ワインを正しく評価するためには、テイスティングの知識と実践がとても重要です。ワインを飲んだときに個人的な好みは直感的に判断できると思いますが、他の人に「そのワインのどこが好きだったのか」を訊かれたときに「美味しかったから」と漠然としたひと言でしか伝えることができなかったケースはありませんか。テイスティングにより、星の数ほどあるワインを、客観的に分析し評価することで、より一層ワインの味わいの違いを理解し、選択肢がたくさんあることに気付き、数々の新しい発見ができる楽しみを味わえるのです。WSET®のテイスティングアプローチは、世界中のワインを統一した基準で客観的に評価ができるよう、ワインに接する順番に沿って表現していきます。外観→香り→味覚→結論の順番でテイスティングします。各々の構成要素のバランスから、ワインの品質を論理的に結論に導いていくプロセスで行います。テイスティングを重ねていくごとに、自分の理想の味、好みの傾向がわかってくるので、より良いワインライフを楽しむことができるでしょう。

　次のページから、練習としてワインのテイスティング4ケースを試してみましょう。ページをめくると、講師たちが行った実際のテイスティングの例が紹介されています。

WSET®ではテイスティングの要素が右ページのように、表でまとめられています（注：Level 3クラス対応）。
❖タンニンとは渋みの元を指し、味に複雑性を与えるものです。ワインの中のタンニンの量は、醸造過程における果皮や樽の成分の抽出に由来します。
❖ボディとは、口当たり（mouth-feel）とも表現され、口の中で感じられるワインの軽さ／重さを指します。濃厚さ、重量感、粘性といった感触でアルコール、タンニン、糖分、果皮から抽出された風味成分などの強弱の組み合わせによって判断します。
❖香りと風味の特徴とは、香りの成分が鼻から直接感知される香りと、ワインを口に含んだときに広がる揮発した香りが、口蓋から鼻腔まで届いたときに感知される香りとがあります。WSET®のテイスティングアプローチでは、鼻からの「香り」と口の中でワインを含んだ「味わい」の両方で感知します。表現の分類は、香りのものと同じです。

サンセール・ラ・クロワ・デュ・ロワ
Sancerre La Croix du Roy 2012

産地：フランス(ロワール) ／価格3100円(税別) ／問い合わせ先：(株)スマイル

- 品種：ソーヴィニョン・ブラン100%
- 環境：冷涼な気候、粘土石灰質土壌
- 栽培：手摘み収穫
- 醸造：ステンレスタンクにて低温発酵　MLFなし
- 熟成：ステンレスタンクにて
- アルコール度数：13%

外観	清澄		澄んでいる — 濁っている
	色の濃さ		淡い — 中程度 — 濃い
	色	白	レモン色 — 黄金色 — 琥珀色
		ロゼ	ピンク色 — サーモン色 — オレンジ色
		赤	紫色 — ルビー色 — ガーネット色 — トーニー色
香り	状態		良好な香り — 不快な臭い
	香りの強さ弱い		弱い — 中程度 — 強い
	香りの特徴		＊別表参照「香りと風味の特徴」
味覚	甘味		辛口 — オフドライ — 半辛口・半甘口 — 甘口
	酸味		低い — 中程度 — 高い
	タンニン		少ない — 中程度 — 多い
	ボディ		ライト — ミディアム — フル
	風味の特徴		＊別表参照「香りと風味の特徴」
	後味		短い — 中程度 — 長い
結論	品質		欠陥品 — 悪い — 妥当 — 良い — 非常に良い — 素晴らしい

＊別表「香りと風味の特徴」

		風味：単純・一般的／独特　　新鮮／調理した　　熟れた／未熟
花／果実	花	果樹の花、バラ、スミレ
	緑色系果実	青リンゴ、赤リンゴ、西洋スグリ、洋ナシ、ブドウ
	柑橘類	グレープフルーツ、レモン、ライム(果汁？皮？)
	有核果実	モモ、アプリコット、ネクタリン
	トロピカルフルーツ	バナナ、ライチ、マンゴー、メロン、パッションフルーツ、パイナップル
	赤系果実	赤スグリ、クランベリー、ラズベリー、イチゴ、レッドチェリー、プラム
	黒系果実	黒スグリ、ブラックベリー、ブルーベリー、ブラックチェリー
	ドライフルーツ	イチジク、プルーン、レーズン、サルタナ、キルシュ、ジャムのような、調理した、焼いた、煮込んだ、缶詰・瓶詰等
香辛料／野菜	未熟な味	青ピーマン(トウガラシ)、芝、白コショウ、葉、トマト、ポテト
	草	芝、アスパラガス、黒スグリの葉
	ハーブ	ユーカリ、ミント、薬、ラベンダー、フェンネル、ディル
	野菜	キャベツ、エンドウ、豆類、黒オリーブ、青オリーブ
	甘い香りの香辛料	シナモン、クローヴ、生姜、ナツメグ、ヴァニラ
	刺激のある香辛料	黒／白コショウ、リコリス、ジュニパー
オーク／その他	単純／中性	シンプル、ニュートラル、特徴のない
	酵母類	酵母、ビスケット、パン、トースト、ペストリー、澱
	乳製品	バター、チーズ、クリーム、ヨーグルト
	オーク	ヴァニラ、トースト、スギ、焦がした木、燻製、松ヤニ
	木の実	アーモンド、ココナッツ、ヘーゼルナッツ、クルミ、チョコレート、コーヒー
	動物	皮革、肉類、農家の庭
	成熟した味	植物、キノコ、干し草、湿った葉、林床、猟鳥類、調味料、タバコ、スギ、ハチミツ、シリアル
	鉱物	土、ガソリン、ゴム、タール、石／鉄、湿った羊毛

Chapter 5　テイスティングとは？

講師のテイスティング表

外観	清澄	澄んでいる ー 濁っている
	色の濃さ	淡い ー ◯中程度◯ ー 濃い
	色　　白	◯レモン色◯ ー 黄金色 ー 琥珀色
	ロゼ	ピンク色 ー サーモン色 ー オレンジ色
	赤	紫色 ー ルビー色 ー ガーネット色 ー トーニー色
香り	状態	良好な香り ー 不快な臭い
	香りの強さ弱い	弱い ー 中程度 ー ◯強い◯　　※ソーヴィニヨン・ブラン種はアロマティック品種である。
	香りの特徴	＊別表参照「香りと風味の特徴」
味覚	甘味	辛口 ー オフドライ ー 半辛口・半甘口 ー 甘口
	酸味	低い ー 中程度 ー ◯高い◯
	タンニン	少ない ー 中程度 ー 多い
	ボディ	ライト ー ◯ミディアム◯ ー フル　　※冷涼な気候のため。
	風味の特徴	＊別表参照「香りと風味の特徴」
	後味	短い ー 中程度 ー ◯長い◯
結論	品質	欠陥品 ー 悪い ー 妥当 ー 良い ー ◯非常に良い◯ ー 素晴らしい

＊別表「香りと風味の特徴」

※ステンレスタンク使用、低温発酵によるピュアな果実味と、粘土石灰質土壌からのミネラルのバランスが良く、後味が長い。ソーヴィニヨン・ブラン品種の特徴を見事に表した1本である。

	風味：単純・一般的／独特　◯新鮮◯／調理した　　熟れた／未熟	
花／果実	花	果樹の花、バラ、スミレ
	緑色系果実	青リンゴ、赤リンゴ、◯西洋スグリ◯、洋ナシ、ブドウ
	柑橘類	◯グレープフルーツ◯、◯レモン◯、ライム（果汁？ 皮？）
	有核果実	モモ、アプリコット、ネクタリン
	トロピカルフルーツ	バナナ、ライチ、マンゴー、メロン、パッションフルーツ、パイナップル
	赤系果実	赤スグリ、クランベリー、ラズベリー、イチゴ、レッドチェリー、プラム
	黒系果実	黒スグリ、ブラックベリー、ブルーベリー、ブラックチェリー
	ドライフルーツ	イチジク、プルーン、レーズン、サルタナ、キルシュ、ジャムのような、調理した、焼いた、煮込んだ、缶詰・瓶詰等
香辛料／野菜	未熟な味	青ピーマン（トウガラシ）、芝、白コショウ、葉、トマト、ポテト
	草	◯芝◯、◯アスパラガス◯、黒スグリの葉　※品種の個性による。
	ハーブ	ユーカリ、ミント、薬、ラベンダー、フェンネル、ディル
	野菜	キャベツ、エンドウ、豆類、黒オリーブ、青オリーブ
	甘い香りの香辛料	シナモン、クローヴ、生姜、ナツメグ、バニラ
	刺激のある香辛料	黒／白コショウ、リコリス、ジュニパー
オーク／その他	単純／中性	シンプル、ニュートラル、特徴のない
	酵母類	酵母、ビスケット、パン、トースト、ペストリー、澱
	乳製品	バター、チーズ、クリーム、ヨーグルト
	オーク	バニラ、トースト、スギ、焦がした木、燻製、松ヤニ
	木の実	アーモンド、ココナッツ、ヘーゼルナッツ、クルミ、チョコレート、コーヒー
	動物	皮革、肉類、農家の庭
	成熟した味	植物、キノコ、干し草、湿った葉、林床、猟鳥類、調味料、タバコ、スギ、ハチミツ、シリアル
	鉱物	土、ガソリン、ゴム、タール、◯石◯、鉄、湿った羊毛　※粘土石灰質土壌を反映。

マリアージュ

　アロマティック品種が持つ強い香りと調和する、香草を使った料理やエスニックフード。冷涼な気候により酸味が高いため、お酢を使ったシーフードマリネなども合います。

ピエロ マーガレット・リヴァー シャルドネ 2012
Pierro Margaret River Chardonnay 2012

産地：オーストラリア／価格：8200 円（税別） ／問い合わせ先：ヴィレッジ・セラーズ（株）

❖ 品種：シャルドネ 100％
❖ 環境：温暖気候、小石まじりのローム質土壌
❖ 栽培：手摘み収穫
❖ 醸造：フレンチオーク小樽　澱との接触　MLF
❖ 熟成：フレンチオーク小樽にて 12 か月（新樽率 50％、1 年使用樽率 50％）
❖ アルコール度数：13.5％

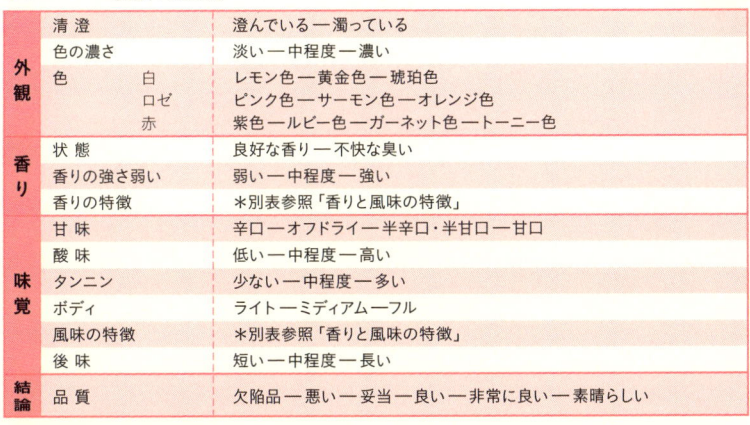

外観	清澄		澄んでいる ─ 濁っている
	色の濃さ		淡い ─ 中程度 ─ 濃い
	色	白	レモン色 ─ 黄金色 ─ 琥珀色
		ロゼ	ピンク色 ─ サーモン色 ─ オレンジ色
		赤	紫色 ─ ルビー色 ─ ガーネット色 ─ トーニー色
香り	状態		良好な香り ─ 不快な臭い
	香りの強さ弱い		弱い ─ 中程度 ─ 強い
	香りの特徴		＊別表参照「香りと風味の特徴」
味覚	甘味		辛口 ─ オフドライ ─ 半辛口・半甘口 ─ 甘口
	酸味		低い ─ 中程度 ─ 高い
	タンニン		少ない ─ 中程度 ─ 多い
	ボディ		ライト ─ ミディアム ─ フル
	風味の特徴		＊別表参照「香りと風味の特徴」
	後味		短い ─ 中程度 ─ 長い
結論	品質		欠陥品 ─ 悪い ─ 妥当 ─ 良い ─ 非常に良い ─ 素晴らしい

＊別表「香りと風味の特徴」

	風味：単純・一般的／独特　新鮮／調理した　熟れた／未熟	
花／果実	花	果樹の花、バラ、スミレ
	緑色系果実	青リンゴ、赤リンゴ、西洋スグリ、洋ナシ、ブドウ
	柑橘類	グレープフルーツ、レモン、ライム（果汁？ 皮？）
	有核果実	モモ、アプリコット、ネクタリン
	トロピカルフルーツ	バナナ、ライチ、マンゴー、メロン、パッションフルーツ、パイナップル
	赤系果実	赤スグリ、クランベリー、ラズベリー、イチゴ、レッドチェリー、プラム
	黒系果実	黒スグリ、ブラックベリー、ブルーベリー、ブラックチェリー
	ドライフルーツ	イチジク、プルーン、レーズン、サルタナ、キルシュ、ジャムのような、調理した、焼いた、煮込んだ、缶詰・瓶詰等
香辛料／野菜	未熟な味	青ピーマン（トウガラシ）、芝、白コショウ、葉、トマト、ポテト
	草	芝、アスパラガス、黒スグリの葉
	ハーブ	ユーカリ、ミント、薬、ラベンダー、フェンネル、ディル
	野菜	キャベツ、エンドウ、豆類、黒オリーブ、青オリーブ
	甘い香りの香辛料	シナモン、クローヴ、生姜、ナツメグ、ヴァニラ
	刺激のある香辛料	黒／白コショウ、リコリス、ジュニパー
オーク／その他	単純／中性	シンプル、ニュートラル、特徴のない
	酵母類	酵母、ビスケット、パン、トースト、ペストリー、澱
	乳製品	バター、チーズ、クリーム、ヨーグルト
	オーク	ヴァニラ、トースト、スギ、焦がした木、燻製、松ヤニ
	木の実	アーモンド、ココナッツ、ヘーゼルナッツ、クルミ、チョコレート、コーヒー
	動物	皮革、肉類、農家の庭
	成熟した味	植物、キノコ、干し草、湿った葉、林床、猟鳥類、調味料、タバコ、スギ、ハチミツ、シリアル
	鉱物	土、ガソリン、ゴム、タール、石／鉄、湿った羊毛

講師のテイスティング表

外観	清澄	澄んでいる ― 濁っている
	色の濃さ	淡い ― 中程度 ― 濃い
	色　　白	レモン色 ― 黄金色 ― 琥珀色
	ロゼ	ピンク色 ― サーモン色 ― オレンジ色
	赤	紫色 ― ルビー色 ― ガーネット色 ― トーニー色
香り	状態	良好な香り ― 不快な臭い
	香りの強さ弱さ	弱い ― 中程度 ― 強い
	香りの特徴	＊別表参照「香りと風味の特徴」
味覚	甘味	辛口 ― オフドライ ― 半辛口・半甘口 ― 甘口
	酸味	低い ― 中程度 ― 高い
	タンニン	少ない ― 中程度 ― 多い
	ボディ	ライト ― ミディアム ― フル
	風味の特徴	＊別表参照「香りと風味の特徴」
	後味	短い ― 中程度 ― 長い
結論	品質	欠陥品 ― 悪い ― 妥当 ― 良い ― 非常に良い ― 素晴らしい

※オーストラリア産のシャルドネは果実味が強め。さらに、多様な風味は醸造技術からくるものが多い。

※温暖な気候とマロラクティック発酵によりきつい酸がやわらいでいる。

※やや高めのアルコール度数と、澱との接触、マロラクティック発酵、オーク処理などにより重量感とコクのあるフルボディのワインに仕上がっている。

※木樽を使用したリッチな上質オーストラリア・シャルドネの典型的なスタイル。凝縮した豊かな果実味とオーク香が重量感のあるボディにバランス良く溶け込み、クリーミーな口当たりと旨みのある複雑な余韻へと続いている。

＊別表「香りと風味の特徴」

	風味：単純・一般的／独特　新鮮／調理した　熟れた／未熟	
花／果実	花	果樹の花、バラ、スミレ
	緑色系果実	青リンゴ、赤リンゴ、西洋スグリ、洋ナシ、ブドウ
	柑橘類	グレープフルーツ、レモン、ライム（果汁？皮？）
	有核果実	モモ、アプリコット、ネクタリン
	トロピカルフルーツ	バナナ、ライチ、マンゴー、メロン、パッションフルーツ、パイナップル
	赤系果実	赤スグリ、クランベリー、ラズベリー、イチゴ、レッドチェリー、プラム
	黒系果実	黒スグリ、ブラックベリー、ブルーベリー、ブラックチェリー
	ドライフルーツ	イチジク、プルーン、レーズン、サルタナ、キルシュ、ジャムのような、調理した、焼いた、煮込んだ、缶詰・瓶詰等
香辛料／野菜	未熟な味	青ピーマン（トウガラシ）、芝、白コショウ、葉、トマト、ポテト
	草	芝、アスパラガス、黒スグリの葉
	ハーブ	ユーカリ、ミント、薬、ラベンダー、フェンネル、ディル
	野菜	キャベツ、エンドウ、豆類、黒オリーブ、青オリーブ
	甘い香りの香辛料	シナモン、クローヴ、生姜、ナツメグ、ヴァニラ
	刺激のある香辛料	黒／白コショウ、リコリス、ジュニパー
オーク／その他	単純／中性	シンプル、ニュートラル、特徴のない
	酵母類	酵母、ビスケット、パン、トースト、ペストリー、澱　※澱との接触による。
	乳製品	バター、チーズ、クリーム、ヨーグルト　※マロラクティック発酵による。
	オーク	ヴァニラ、トースト、スギ、焦がした木、燻製、松ヤニ　※フレンチオーク小樽発酵、熟成。
	木の実	アーモンド、ココナッツ、ヘーゼルナッツ、クルミ、チョコレート、コーヒー
	動物	皮革、肉類、農家の庭
	成熟した味	植物、キノコ、干し草、湿った葉、林床、猟鳥類、調味料、タバコ、スギ、ハチミツ、シリアル
	鉱物	土、ガソリン、ゴム、タール、石／鉄、湿った羊毛

マリアージュ

　フルボディにはリッチな食材を。さしの入った和牛やオマールエビ、伊勢エビなどと一緒に味わうと格別。MLFのため、クリームやバターを使用した料理とも相性が良いです。

マックス レゼルヴァ カベルネ・ソーヴィニヨン
Max Reserva Cabernet Sauvignon 2011

産地：チリ（アコンカグア・ヴァレー）　／価格：2600円（税別）　／問い合わせ先：(株) ヴァンパッシオン

- 品種：カベルネ・ソーヴィニヨン85％、プティ・ヴェルド10％、カベルネ・フラン5％
- 環境：温暖な気候　粘土質ローム土壌（石を多く含むため水はけが良い）
- 栽培：手摘み収穫、ダブル選果
- 醸造：ステンレスタンク発酵
- 熟成：フレンチオーク樽にて12か月（新樽15％）
- アルコール度数：14％

外観	清澄		澄んでいる ― 濁っている
	色の濃さ		淡い ― 中程度 ― 濃い
	色	白	レモン色 ― 黄金色 ― 琥珀色
		ロゼ	ピンク色 ― サーモン色 ― オレンジ色
		赤	紫色 ― ルビー色 ― ガーネット色 ― トーニー色
香り	状態		良好な香り ― 不快な臭い
	香りの強さ弱い		弱い ― 中程度 ― 強い
	香りの特徴		＊別表参照「香りと風味の特徴」
味覚	甘味		辛口 ― オフドライ ― 半辛口・半甘口 ― 甘口
	酸味		低い ― 中程度 ― 高い
	タンニン		少ない ― 中程度 ― 多い
	ボディ		ライト ― ミディアム ― フル
	風味の特徴		＊別表参照「香りと風味の特徴」
	後味		短い ― 中程度 ― 長い
結論	品質		欠陥品 ― 悪い ― 妥当 ― 良い ― 非常に良い ― 素晴らしい

＊別表「香りと風味の特徴」

	風味：単純・一般的／独特　　新鮮／調理した　　熟れた／未熟	
花／果実	花	果樹の花、バラ、スミレ
	緑色系果実	青リンゴ、赤リンゴ、西洋スグリ、洋ナシ、ブドウ
	柑橘類	グレープフルーツ、レモン、ライム（果汁？皮？）
	有核果実	モモ、アプリコット、ネクタリン
	トロピカルフルーツ	バナナ、ライチ、マンゴー、メロン、パッションフルーツ、パイナップル
	赤系果実	赤スグリ、クランベリー、ラズベリー、イチゴ、レッドチェリー、プラム
	黒系果実	黒スグリ、ブラックベリー、ブルーベリー、ブラックチェリー
	ドライフルーツ	イチジク、プルーン、レーズン、サルタナ、キルシュ、ジャムのような、調理した、焼いた、煮込んだ、缶詰・瓶詰等
香辛料／野菜	未熟な味	青ピーマン（トウガラシ）、芝、白コショウ、葉、トマト、ポテト
	草	芝、アスパラガス、黒スグリの葉
	ハーブ	ユーカリ、ミント、薬、ラベンダー、フェンネル、ディル
	野菜	キャベツ、エンドウ、豆類、黒オリーブ、青オリーブ
	甘い香りの香辛料	シナモン、クローヴ、生姜、ナツメグ、ヴァニラ
	刺激のある香辛料	黒／白コショウ、リコリス、ジュニパー
オーク／その他	単純／中性	シンプル、ニュートラル、特徴のない
	酵母類	酵母、ビスケット、パン、トースト、ペストリー、澱
	乳製品	バター、チーズ、クリーム、ヨーグルト
	オーク	ヴァニラ、トースト、スギ、焦がした木、燻製、松ヤニ
	木の実	アーモンド、ココナッツ、ヘーゼルナッツ、クルミ、チョコレート、コーヒー
	動物	皮革、肉類、農家の庭
	成熟した味	植物、キノコ、干し草、湿った葉、林床、猟鳥類、調味料、タバコ、スギ、ハチミツ、シリアル
	鉱物	土、ガソリン、ゴム、タール、石／鉄、湿った羊毛

講師のテイスティング表

外観	清澄	(澄んでいる) ― 濁っている
	色の濃さ	淡い ― 中程度 ― (濃い)
	色　白	レモン色 ― 黄金色 ― 琥珀色
	ロゼ	ピンク色 ― サーモン色 ― オレンジ色
	赤	紫色 ― (ルビー色) ― ガーネット色 ― トーニー色
香り	状態	(良好な香り) ― 不快な臭い
	香りの強さ弱い	弱い ― 中程度 ― (強い)
	香りの特徴	*別表参照「香りと風味の特徴」
味覚	甘味	辛口 ― オフドライ ― 半辛口・半甘口 ― 甘口
	酸味	低い ― (中程度) ― 高い ――――――― ※温暖な気候のため。
	タンニン	少ない ― 中程度 ― (多い) ――――――― ※品種や樽熟成からくる。
	ボディ	ライト ― ミディアム ― (フル) ――――― ※高めのアルコール、多いタンニン、果実の風味成分の強さのバランスによりフルボディに仕上がっている。
	風味の特徴	*別表参照「香りと風味の特徴」
	後味	短い ― (中程度) ― 長い
結論	品質	欠陥品 ― 悪い ― 妥当 ― 良い ― (非常に良い) ― 素晴らしい

※ボルドースタイルの上質なチリのカベルネ・ソーヴィニヨン。豊富な熟れた果実味とやさしいオークの香りがタンニンをまろやかに包みこんでいて、バランスがとても良い。

*別表「香りと風味の特徴」

	風味：単純・一般的／独特	新鮮／(調理した)／(熟れた)／未熟
花／果実	花	果樹の花、バラ、スミレ
	緑色系果実	青リンゴ、赤リンゴ、西洋スグリ、洋ナシ、ブドウ
	柑橘類	グレープフルーツ、レモン、ライム (果汁？ 皮？)
	有核果実	モモ、アプリコット、ネクタリン
	トロピカルフルーツ	バナナ、ライチ、マンゴー、メロン、パッションフルーツ、パイナップル
	赤系果実	赤スグリ、クランベリー、ラズベリー、イチゴ、レッドチェリー、プラム
	黒系果実	(黒スグリ)、(ブラックベリー)、(ブルーベリー)、ブラックチェリー ※品種本来がもつ個性による。
	ドライフルーツ	イチジク、プルーン、レーズン、サルタナ、キルシュ、ジャムのような、調理した、焼いた、煮込んだ、缶詰・瓶詰等
香辛料／野菜	未熟な味	(青ピーマン)(トウガラシ)、芝、白コショウ、葉、トマト、ポテト
	草	芝、アスパラガス、黒スグリの葉 ※チリのカベルネの個性による。
	ハーブ	(ユーカリ)、ミント、薬、ラベンダー、フェンネル、ディル
	野菜	キャベツ、エンドウ、豆類、黒オリーブ、青オリーブ
	甘い香りの香辛料	シナモン、(クローヴ)、生姜、ナツメグ、ヴァニラ
	刺激のある香辛料	黒／白コショウ、リコリス、ジュニパー
オーク／その他	単純／中性	シンプル、ニュートラル、特徴のない
	酵母類	酵母、ビスケット、パン、トースト、ペストリー、澱
	乳製品	バター、チーズ、クリーム、ヨーグルト
	オーク	ヴァニラ、(トースト)、スギ、(焦がした木)、燻製、松ヤニ
	木の実	アーモンド、ココナッツ、ヘーゼルナッツ、クルミ、チョコレート、(コーヒー)
	動物	皮革、肉類、農家の庭 ※オーク熟成による。
	成熟した味	植物、キノコ、干し草、湿った葉、林床、猟鳥類、調味料、タバコ、スギ、ハチミツ、シリアル
	鉱物	土、ガソリン、ゴム、タール、石／鉄、湿った羊毛

マリアージュ

タンニンがやわらかいので、塩を効かせた赤身肉、ステーキなどが合います。また、フルボディと相性の良い煮込み料理（カスレやシチュー）、または味付けの濃い料理、香辛料を効かせた料理など。

ジュヴレイ・シャンベルタン 2011 シャンソン
Gevrey-Chambertin 2011 Chanson

産地：フランス（ブルゴーニュ）　／価格：7500円（税別）　／問い合わせ先：（株）アルカン

- ❖ 品種：ピノ・ノワール100%
- ❖ 環境：冷涼な気候、粘土石灰質土壌
- ❖ 栽培：手摘み収穫
- ❖ 醸造：天然酵母、上部開放発酵
- ❖ 熟成：フレンチオーク小樽にて15か月（新樽30％程度）
- ❖ アルコール度数：13%

外観	清澄	澄んでいる ― 濁っている
	色の濃さ	淡い ― 中程度 ― 濃い
	色　　白	レモン色 ― 黄金色 ― 琥珀色
	ロゼ	ピンク色 ― サーモン色 ― オレンジ色
	赤	紫色 ― ルビー色 ― ガーネット色 ― トーニー色
香り	状態	良好な香り ― 不快な臭い
	香りの強さ弱い	弱い ― 中程度 ― 強い
	香りの特徴	＊別表参照「香りと風味の特徴」
味覚	甘味	辛口 ― オフドライ ― 半辛口・半甘口 ― 甘口
	酸味	低い ― 中程度 ― 高い
	タンニン	少ない ― 中程度 ― 多い
	ボディ	ライト ― ミディアム ― フル
	風味の特徴	＊別表参照「香りと風味の特徴」
	後味	短い ― 中程度 ― 長い
結論	品質	欠陥品 ― 悪い ― 妥当 ― 良い ― 非常に良い ― 素晴らしい

＊別表「香りと風味の特徴」

	風味：単純・一般的／独特　　新鮮／調理した　　熟れた／未熟	
花／果実	花	果樹の花、バラ、スミレ
	緑色系果実	青リンゴ、赤リンゴ、西洋スグリ、洋ナシ、ブドウ
	柑橘類	グレープフルーツ、レモン、ライム（果汁？皮？）
	有核果実	モモ、アプリコット、ネクタリン
	トロピカルフルーツ	バナナ、ライチ、マンゴー、メロン、パッションフルーツ、パイナップル
	赤系果実	赤スグリ、クランベリー、ラズベリー、イチゴ、レッドチェリー、プラム
	黒系果実	黒スグリ、ブラックベリー、ブルーベリー、ブラックチェリー
	ドライフルーツ	イチジク、プルーン、レーズン、サルタナ、キルシュ、ジャムのような、調理した、焼いた、煮込んだ、缶詰・瓶詰等
香辛料／野菜	未熟な味	青ピーマン（トウガラシ）、芝、白コショウ、葉、トマト、ポテト
	草	芝、アスパラガス、黒スグリの葉
	ハーブ	ユーカリ、ミント、薬、ラベンダー、フェンネル、ディル
	野菜	キャベツ、エンドウ、豆類、黒オリーブ、青オリーブ
	甘い香りの香辛料	シナモン、クローヴ、生姜、ナツメグ、ヴァニラ
	刺激のある香辛料	黒／白コショウ、リコリス、ジュニパー
オーク／その他	単純／中性	シンプル、ニュートラル、特徴のない
	酵母類	酵母、ビスケット、パン、トースト、ペストリー、澱
	乳製品	バター、チーズ、クリーム、ヨーグルト
	オーク	ヴァニラ、トースト、スギ、焦がした木、燻製、松ヤニ
	木の実	アーモンド、ココナッツ、ヘーゼルナッツ、クルミ、チョコレート、コーヒー
	動物	皮革、肉類、農家の庭
	成熟した味	植物、キノコ、干草、湿った葉、林床、猟鳥類、調味料、タバコ、スギ、ハチミツ、シリアル
	鉱物	土、ガソリン、ゴム、タール、石／鉄、湿った羊毛

Chapter 5　テイスティングとは？

講師のテイスティング表

外観	清澄	澄んでいる —濁っている	
	色の濃さ	淡い—(中程度)—濃い	※ピノ・ノワール品種は果皮が薄いため。
	色　　白	レモン色—黄金色—琥珀色	
	ロゼ	ピンク色—サーモン色—オレンジ色	
	赤	紫色—ルビー色—ガーネット色—トーニー色	
香り	状態	良好な香り—不快な臭い	
	香りの強さ弱い	弱い—中程度—(強い)	※アロマティック品種のため。
	香りの特徴	＊別表参照「香りと風味の特徴」	
味覚	甘味	辛口—オフドライ—半辛口・半甘口—甘口	
	酸味	低い—中程度—(高い)	※冷涼な気候のため。
	タンニン	少ない—(中程度)—多い	※果皮が薄いので、色は淡い～中程度、渋味中程度。
	ボディ	ライト—(ミディアム)—フル	※ピノ・ノワールの品種個性、冷涼な気候のため。
	風味の特徴	＊別表参照「香りと風味の特徴」	
	後味	短い—中程度—(長い)	
結論	品質	欠陥品—悪い—妥当—良い—(非常に良い)—素晴らしい	

＊別表「香りと風味の特徴」

	風味：単純・一般的／独特	(新鮮)／調理した　熟れた／未熟	
花／果実	花	果樹の花、バラ、スミレ	※"高い酸味、中程度のタンニン"と"中程度の果実風味、中程度のボディ"のバランスが良い。余韻が長く、複雑である。生産地ブルゴーニュの土地らしさである冷涼気候のエレガントなスタイルが表現されている。
	緑色系果実	青リンゴ、赤リンゴ、西洋スグリ、洋ナシ、ブドウ	
	柑橘類	グレープフルーツ、レモン、ライム（果汁？皮？）	
	有核果実	モモ、アプリコット、ネクタリン	
	トロピカルフルーツ	バナナ、ライチ、マンゴー、メロン、パッションフルーツ、パイナップル	
	赤系果実	赤スグリ、クランベリー、(ラズベリー)、(イチゴ)、(レッドチェリー)、(プラム)	※ピノ・ノワールの品種個性による。
	黒系果実	黒スグリ、ブラックベリー、ブルーベリー、ブラックチェリー	
	ドライフルーツ	イチジク、プルーン、レーズン、サルタナ、キルシュ、ジャムのような、調理した、焼いた、煮込んだ、缶詰・瓶詰等	
香辛料／野菜	未熟な味	青ピーマン（トウガラシ）、芝、白コショウ、葉、トマト、ポテト	
	草	芝、アスパラガス、黒スグリの葉	
	ハーブ	ユーカリ、ミント、薬、ラベンダー、フェンネル、ディル	
	野菜	キャベツ、エンドウ、豆類、黒オリーブ、青オリーブ	
	甘い香りの香辛料	(シナモン)、クローヴ、生姜、ナツメグ、ヴァニラ	
	刺激のある香辛料	黒／白コショウ、リコリス、ジュニパー	
オーク／その他	単純／中性	シンプル、ニュートラル、特徴のない	
	酵母類	酵母、ビスケット、パン、トースト、ペストリー、澱	
	乳製品	バター、チーズ、クリーム、ヨーグルト	
	オーク	(ヴァニラ)、トースト、スギ、焦がした木、燻製、松ヤニ	※フレンチオーク新樽由来。
	木の実	アーモンド、ココナッツ、ヘーゼルナッツ、クルミ、チョコレート、コーヒー	
	動物	皮革、肉類、農家の庭	
	成熟した味	植物、キノコ、干し草、湿った葉、林床、猟鳥類、調味料、タバコ、スギ、ハチミツ、シリアル	
	鉱物	土、ガソリン、ゴム、タール、石、(鉄)、湿った羊毛	※粘土石灰質土壌を反映。

マリアージュ

　中程度のタンニンと鉄の風味を持ち合わせており、まぐろの赤身が合う。酸味に酸味のソースを合わせて、鴨のコンフィオレンジソースなど。

TRY
番外編

海外でワインを購入するときや
注文するときに役立つ
英語表現をシチュエーション別に
集めました。

Situation 01　ワインをお店で購入するとき

I am looking for an elegant aromatic white wine.

Are you looking for anything special?

店員：どのようなワインをお探しですか？

客：香りが良く、上品なタイプの白ワインを探しています。

Something between 10 to 15 dollars.

What's the price range?

店員：ご予算は？

客：10ドルから15ドルくらいを考えています。

Sounds nice, I will give it a try.

How about a classic Riesling from Mosel, Germany. The lovely high acid is refreshing to your palate.

店員：では、ドイツのモーゼル地方で造られた、リースリングがおすすめです。とても綺麗な酸を持っており、口当たり良く、爽やかな印象です。

客：では、そのワインをいただきます。

No, thank you. I'm fine.

Need any gift wrapping?

店員：ギフト用のラッピングはしますか？

客：いえ、結構です。

✓ Case 1　〜を探しています。

I'm looking for

何にでも合うワイン
possibly a well-rounded wine.

爽やかな飲み心地のすっきりした白ワイン
a dry white wine with refreshing palate.

パーティーに持って行く赤ワイン
a red wine to bring to a party.

✓ Case 2　金額を伝えるとき

10ドル未満で
Less than 10 dollars.

15ドルくらいのフルボディの白ワイン
A full bodied white wine for about 15 dollars.

もう少し値段が高くてもかまいません。
I don't mind spending more.

✓ Case 3　他に質問したいとき

他にどのような特徴がありますか？
Are there any other characteristics?

飲み頃の温度は？
Do you have any suggestions on temperature for drinking?

〜でおすすめはありますか？
Any recommendation for~? / Any choice of~?

どちらがより個性的ですか？
Which is more unique?

Situation 02　レストランで

May I see the wine list?

Here you go.

We will start with a sparkling wine then move to white wines by the glass.

We have an unique Verdicchio by the glass today.

Sounds nice. Then I'd like Sangiovese for my red wine.

Brunello di Montalcino seems to be the rising star.

Would you like to have mineral water together with wine? We have one with gas and without gas.

With gas, please.

客：ワインリストをください。

店員：こちらでございます。

客：はじめに、スパークリングワインを。白ワインは、グラスから選びます。

店員：本日は、ユニークなヴェルディッキオをグラスでご用意しています。

客：それは楽しみです。では赤は、サンジョヴェーゼがいいかな。

店員：ブルネロが非常に人気があります。

店員：ワインとご一緒にミネラルウォーターはいかがですか？炭酸入りと、炭酸なしがありますが。

客：炭酸入りをください。

✓ Case 1　レストランに予約の電話をするとき

A はい、レストラン・ビショップでございます。
Restaurant Bishop, how can I help you?

B 金曜にディナーの予約をしたいのですが、可能ですか？
I'd like to make a dinner reservation for this Friday night.

A 申し訳ありません、あいにく金曜の夜は満席でございます。
I'm afraid we are fully booked on that day.

B では、木曜の夜では？
How about Thursday night?

A 木曜日でしたらお席があります。何名様でしょうか？
We have an opening, how many in your party?

B 2名です。田中といいます。
Tanaka for two.

✓ Case 2　レストランにて

A 今日のおすすめは何ですか。
What are today's specials?

B 本日は、とても新鮮なオマールエビがあり、グリルがおすすめです。
Today we have a very fresh lobster cooked over a grill.

A その料理に合うワインは？
Which wine would you suggest?

B 樽の効いたシャルドネがおすすめです。
Oaked Chardonnay is a classic match.

A では、シャルドネをください。40ドルくらいでありますか？
Any wine available for about 40 dollars?

B かしこまりました。
No problem.

ミネラルウォーター、水のさまざまな表現

炭酸なし水： Water without gas, Still water
炭酸入り水： Water with gas, Carbonated water, Fizzy (water), Sparkling (water)
水道水： Tap (water)

Situation 03 醸造施設で

Here's the fermentation tank.

How long does fermentation take place?

Normally it takes about 10 days but some last as long as 3 weeks.

What happens after fermentation?

The wine goes through aging in oak prior to bottling.

We mainly use French oak but also mix in some American and Slovenian oak.

オーナー：こちらが発酵用のタンクです。

客：発酵にはどれくらいの期間をかけるのですか？

オーナー：およそ10日くらいです。長いものでは、3週間かけるものもあります。

客：発酵後は？

オーナー：樽で熟成させてから、瓶詰めします。

オーナー：フレンチオークがメインですが、アメリカンオークやスロヴェニアンオークも少し使っています。

✓ Case 1　ワイナリー見学を電話で予約するとき

A　ワイナリーの見学はできますか？
　　　Do you do any winery tours?

B　農繁期と仕込みの時期はお断りしていますが、今は可能です。
　　　Unfortunately, we are closed during harvest and winemaking season but you are more than welcome to come now.

A　醸造過程の見学も可能ですか？
　　　Could we take a tour of your winery facilities?

B　あらかじめお申込みいただければ、対応します。
　　　Sure, but you need to book in advance.

A　今週の金曜日の午後に、4名でうかがいたいのですが？
　　　Then I'd like to reserve for 4 this Friday afternoon.

B　だいたい何時頃になりますか？
　　　What time can you come?

A　15時頃にうかがいます。代表者は○○○です。
　　　Around 3PM under the name of ○○○.

B　お待ちしています。
　　　Great, see you then.

✓ Case 2　ワイナリーを見学したいとき

A　ワイナリーを見学したいのですが？
　　　I'd like to visit your winery.

B　可能です、いくつかの見学ツアーもあります。
　　　Sure, we have several optional tours available.

A　食事はできますか？
　　　Do you have a restaurant?

B　レストランがあり、マリアージュをお楽しみいただけます。
　　　Yes, you can enjoy our wines and food pairings at our own restaurant.

A　宿泊施設はありますか？
　　　Do you have a place to stay?

B　事前に予約していただければ、宿泊も可能です。
　　　Yes, but you need to book in advance.

A　来月の中頃にうかがいたいのですが？
　　　Any rooms available around the middle of next month?

B　来月でしたら、まだ空きがあるかもしれません。
　　　I think we still have some vacancies for next month.

番外編

About J-Presence Academy
Jプレゼンスアカデミー

　Jプレゼンスアカデミーはキャプラン株式会社の教育研修ブランドです。

　1984年の創業以来、6000社以上の研修実績を持ち、航空業界で培ったノウハウをもとに、個人・法人を対象としたグローバル人材教育をはじめ、おもてなしを軸とした接遇マナー教育や各種カルチャー教育を展開しています。

　Jプレゼンスアカデミーが運営するWSET®ワイン教室は、2000年よりWSET®と提携し、日本における認定試験実施数、資格取得者数ともにNo.1の実績を誇る日本最大のWSET®認定プログラム・プロバイダーです。日本で唯一のWSET®の修了コースであり、世界各国のワイン業界からも高い評価を受けているWSET®Diplomaを受講、受験でき、日本国内の取得者13名中5名が専属講師として所属しています。こうした専門的なワイン資格取得者や世界的な受賞歴を持つ講師も含めたプロフェッショナルな講師陣を取り揃え、WSET®認定資格を目指す講座やワインをさらに楽しみ探求していきたい方向けの品種・香りラボ、また業界のトレンドも意識した旬なトピックスをテーマにしたサロンなど、多彩な講座を提供しています。

ワインをまず楽しみたい方におすすめの講座!

WSET® Level 2 〈初級コース〉

カリキュラムは世界共通62地域で使われている英国WSET®のテキストを使い、毎回テーマに沿ったワイン5、6種類をテイスティングします。楽しくてわかりやすい講義と選りすぐりのワインは、品質の高さと多彩さで大好評です。全9回の充実した内容で、レストランのワインリストを見るのがきっと楽しくなります。認定試験もあります。

01 ワインを表現する! テイスティング入門
02 ブドウからワインへ! 栽培、醸造の基礎、ラベルの読み方
03 シャルドネ、ピノ・ノワール 伝統生産地フランス・ブルゴーニュ vs 世界
04 カベルネ・ソーヴィニヨン、メルロー、ソーヴィニヨン・ブラン
　　伝統生産地フランス・ボルドー vs 世界
05 リースリング、シラー、グルナッシュ
　　伝統生産地ドイツ、フランス・ローヌ vs 世界
06 ここまではおさえておきたい! 世界の白ブドウ品種
　　ピノグリ、シュナンブラン、ミュスカデ、ヴィオニエ、セミヨン 等
07 ここまではおさえておきたい! 世界の黒ブドウ品種
　　テンプラニーリョ、ネッビオーロ、サンジョヴェーゼ等
08 酒精強化ワイン、スピリッツ、リキュール入門
09 きらめく泡の魅力! スパークリングワインと甘口ワイン

◇各クラス25名程度（※2014年10月現在）

Profile

秋吉まり子 *Mariko Akiyoshi*

○WSET® 認定 Diploma
○JSA 認定シニアソムリエ
○(NPO法人) チーズプロフェッショナル
○ジャパンワインチャレンジ (JWC) 審査員
○SAKURA JAPAN WOMEN'S WINE AWARDS 2014 審査員
元日本航空客室乗務員。バイリンガルの強みを生かし初級・中級の英語クラスを担当。

菊地千穂 *Chiho Kikuchi*

○WSET® 認定 Advanced Certificate
○A+Australian Wine 認定エデュケーター (2013 〜 2015)
○JSA 認定ソムリエ
○(NPO法人) チーズプロフェッショナル
○チーズ検定認定講師
元日本航空客室乗務員。退職後にロンドン在住中、WSETと出会う。

鈴木素子 *Motoko Suzuki*

○WSET® 認定 Diploma
○JSA 認定ソムリエ
○(NPO法人) チーズプロフェッショナル
○ジャパンワインチャレンジ (JWC) 審査員
○2012年度JWC最優秀日本人審査員賞(マダム・ボランジェ基金賞)受賞
○SAKURA JAPAN WOMEN'S WINE AWARDS 2014 審査員
元日本航空客室乗務員。日本におけるWSET立ち上げに参加。

千住賀子 *Yoshiko Senju*

○ WSET® 認定 Advanced Certificate
○ JSA 認定シニアソムリエ
○（NPO 法人）チーズプロフェッショナル
○ コマンドリー・ド・ボルドー コマンドゥール
○ SAKURA JAPAN WOMEN'S WINE AWARDS 2014 審査員
元日本航空客室乗務員。

冨永純子 *Junko Tominaga*

○ WSET® 認定 Advanced Certificate
○（NPO 法人）チーズプロフェッショナル協会理事
○ シュバリエ ドゥ タスト フロマージュ（フランスチーズ鑑評騎士）
○ JSA 認定シニアソムリエ
元日本航空客室乗務員。

中村紀子 *Noriko Nakamura*

○ WSET® 認定 Diploma
○ JSA 認定シニアソムリエ
○（NPO 法人）チーズプロフェッショナル
○ ジャパンワインチャレンジ（JWC）審査員
○ 2013 年 WSET Diploma Tasting 部門最優秀賞
　McNie Trophy 受賞
元日本航空客室乗務員。パリでワインカーブ、
現地ワイン商社で勤務後日本の WSET 立ち上げに参加。

沼田 実 *Minoru Numata*

○ ニュージーランド国立リンカーン大学 ブドウ栽培・ワイン醸造
　学科グラデュエイト・ディプロマ
○ WSET® 認定 Diploma
○ ブルゴーニュ ワイン委員会公認インストラクター（2012〜）
○ A+Australian Wine 認定エデュケーター（2013〜2015）
○ ジャパンワインチャレンジ（JWC）審査員
○ 2008 年度 JWC 最優秀日本人審査員賞（マダム・ボランジェ
　基金賞）受賞
○ 第 6 回フランス ワイン・スピリッツ全国ソムリエ最高技術賞
　コンクールセミファイナリスト

STAFF

取材・文章・漫画	高山宗東
イラスト	もりたりえ
写真	植一浩
協力	秋吉まり子　菊地千穂　鈴木素子　千住賀子 冨永純子　中村紀子　沼田実
ブックデザイン	児玉明子

企画　キャプラン株式会社 J プレゼンスアカデミー

― ―

本当はコレだけ！ ワインのツボ

2014年11月10日　第1刷発行

監　　修	J プレゼンスアカデミーワイン教室
発行者	見城　徹
発行所	株式会社 幻冬舎 〒151-0051 東京都渋谷区千駄ヶ谷 4-9-7
電話	03-5411-6211（編集） 03-5411-6222（営業）
振替	00120-8-767643
印刷・製本所	中央精版印刷株式会社

検印廃止

万一、落丁乱丁のある場合は送料小社負担でお取替致します。小社宛にお送りください。本書の一部あるいは全部を無断で複写複製することは、法律で認められた場合を除き、著作権の侵害となります。定価はカバーに表示してあります。

ⒸCAPLAN Corporation, GENTOSHA 2014　Printed in Japan
ISBN978-4-344-02676-6 C0095
幻冬舎ホームページアドレス　http://www.gentosha.co.jp/

この本に関するご意見・ご感想をメールでお寄せいただく場合は、
comment@gentosha.co.jp まで。